# 「絶体絶命」の明治維新

安藤優一郎

PHP文庫

○本表紙図柄＝ロゼッタ・ストーン（大英博物館蔵）
○本表紙デザイン＋紋章＝上田晃郷

# はじめに――明治維新は「建武の新政」の二の舞になるところだった！

## 「瓦解の危機」に絶えず晒された明治政府

近年、明治維新の再評価を試みる著作が数多く刊行されている。

明治維新を達成した薩摩《さつま》・長州《ちょうしゅう》藩は勝つべくして勝ち、政権の座から退《しりぞ》いた徳川方は負けるべくして負けたという「予定調和のストーリー」に対する疑問から再検討が試みられているが、その際には**維新後の明治政府の実態**にも目を向ける必要があるのは言うまでもない。

従来の歴史教科書では、薩摩・長州藩などの討幕《とうばく》派により樹立された天皇をトップとする明治政府は、明治維新の名のもとに「富国強兵」「文明開化」に象徴される近代化路線を邁進《まいしん》したという流れで叙述《じょじゅつ》されるのが定番である。

それゆえ、混迷を深めた幕末とは対照的に、明治に入ると一気に近代化が実現された印象も強い。

だが、その裏側では、政府の土台を揺るがすトラブルが立て続けに起きていた。

西郷隆盛（国立国会図書館蔵）

戊《ぼ》辰《しん》戦争終了の直後から政局の主導権争いが止まず、薩摩・長州藩は一枚岩どころではなかった。暗闘が絶えなかったのである。〝両藩の追い落とし〟をはかる動きも盛んだった。

そのため、政府内は混乱状態を呈《てい》したが、近代化路線をめぐっては味方であるはずの薩摩藩が猛反発したことで、政局は混迷の度を深める。一方、租税などの負担が重くなった農民たちは新政《しんせい》反対一揆《いっき》を各地で起こし、社会不安はいやが上にも高まる。

さらに、政府内では私利私欲がはびこっていた。西郷隆盛《さいごうたかもり》などはその腐敗ぶりを憤《いきどお》るあまり、天下そして戊辰戦争での戦死者に対して面目《めんぼく》が立たないと涙《なみだ》したほどだった。

**西南《せいなん》戦争に象徴される士族の反乱を待たずに、政府が瓦解《がかい》する危険性は高かった。討幕を実現した直後から、明治政府は瓦解の危機に絶えず晒《さら》されていたのである。**

最大の危機となる西南戦争に勝利するまで、政府は薄氷《はくひょう》を踏む危険な政権運営を強いられていたが、そうした実情が教科書で記述されることはほとんどない。明治維新の〝不都合な真実〟だったからである。

## 長く続いた「武家政治」からの急激な変革

歴史を紐解《ひもと》くと、同じような時代があった。鎌倉時代から室町時代へ移り変わる時である。

後醍醐《ごだいご》天皇による討幕運動の結果、執権《しっけん》北条氏が牛耳《ぎゅうじ》る鎌倉幕府は元弘三年（一三三三）に滅び、天皇自ら政治を執《と》りはじめる。それまでの武家政治を否定し、天皇親政《しんせい》を復活させた。世に言う「建武《けんむ》の新政」だ。

しかし、天皇に味方した足利尊氏《あしかがたかうじ》たち武士団は、北条氏が執権として牛耳る鎌倉幕府を倒す意図はあったものの、天皇親政つまりは鎌倉幕府以前の政治体制に戻ることは望んでいなかった。武家政治自体まで否定したのではなかった。

建武の新政は武士たちを大いに失望させるが、長らく続いた武家政治からの急激な変革は社会の大混乱も招く。武士たちは天皇に反旗を翻《ひるがえ》した尊氏のもとに結集したため、建武の新政はわずか三年ほどで挫折する。室町幕府という形で武家政治が再びはじまる。

すなわち、**討幕を実現して天皇中心の国家を樹立した明治政府は、危《あや》うく建武の新政の二の舞を演じかねなかった。歴史が繰り返されるところだった**のである。

平成三十年（二〇一八）は、明治維新百五十年の節目《ふしめ》の年にあたる。本書は前著『「幕末維新」の不都合な真実』（PHP文庫）の続編として、薩摩藩・長州藩により樹立された明治政府が覆《おお》い隠してきた不都合な真実、歴史教科書では描かれない「もう一つの明治維新史」に迫るものである。

**【本書の構成】**

各章の内容は以下のとおりである。

第一章「西郷隆盛も嘆いた『新政府の腐敗』――首都東京の混乱」では、明治維新を境《さかい》に将軍のお膝元《ひざもと》から、天皇のお膝元となった江戸改め**東京の混乱ぶり**を追う。藩士から政府官吏《かんり》に転身した者たちが豪勢な生活に耽《ふけ》る一方、それまで政府官吏だった幕臣たちは零落《れいらく》していった。

第二章「『人材不足』に悩む薩摩・長州藩――旧幕臣の引き抜き」では、人材不足に悩む政府が、幕臣たちを引き抜くことで実務官僚層を確保した実態を明らかにする。東京府政《ふせい》を支えたのは、意外にも江戸町奉行所の与力《よりき》・同心《どうしん》だった。

第三章「繰り返される『薩摩藩vs.長州藩』の暗闘――他藩の巻き返し」では、戊辰戦争直後より政府の土台は大きく揺らぎ、瓦解の危機を迎えていた事実に注目する。政府内で対立を深める薩摩・長州藩は、政局の主導権を他藩に奪われる寸前にあり、**局面打開のための究極の一手が廃藩《はいはん》置県《ちけん》という〝捨て身の策〟**であった。

第四章「西郷隆盛率いる『留守政府』の大混乱――政府大分裂の兆し」では、政府のトップに祀《まつ》り上げられた西郷が、薩摩藩と旧主・島津久光《しまづひさみつ》に追い詰められる過程を浮きぼりにする。政府にとり〝最大の抵抗勢力〟となったのは、奇《く》しくも討幕最大の功労者たる薩摩藩だった。

第五章「薩摩・長州藩からの『反政府運動』――西南戦争と萩の乱」では、薩摩・長州藩が士族《しぞく》の反乱という形で政府に反旗を翻した背景を解き明かす。西南戦争時、西郷の人気は意外にも東京市民の間で〝異常なほどの高まり〟をみせていた。

終章「『江戸ブーム』の到来と幕臣たち――東京開市三百年祭の開催」では、西南戦争後に幕臣たちが、東京開市《かいし》三百年祭を開催していたことに注目する。政府批判の意図が秘められた**〝江戸時代再評価〟の動き**だった。

以上、近代化の光に今なお覆い隠されたままである「明治政府の不都合な真実」を読み解くことで、「絶体絶命」だった明治維新の実像を描き出す。

# 「絶体絶命」の明治維新 ❖ 目次

第三章　繰り返される「薩摩藩vs.長州藩」の暗闘
――他藩の巻き返し

# 第四章　西郷隆盛率いる「留守政府」の大混乱
## ――政府大分裂の兆し

第一章

# 西郷隆盛も嘆いた「新政府の腐敗」

## ――首都東京の混乱

## (一)「東京遷都」のインパクト――人口移動、社会不安、京都の没落

### ❖〝旧習〟から脱するには?――京都から大坂、江戸への「遷都論」の浮上

幕末に入ると、「将軍のお膝元」江戸は次第に寂《さび》れていく。将軍(幕府)の権威が失墜《しっつい》するのとは対照的に天皇(朝廷《ちょうてい》)の権威が急浮上したことで、政局の舞台が京都に移ったからである。

将軍さえも江戸城を留守にすることが多くなっていた。最後の将軍・徳川慶喜《とくがわよしのぶ》に至っては江戸に戻ることなく将軍の座に就き、慶応三年(一八六七)十月、江戸に戻ることなく将軍の座を退いた。大政奉還《たいせいほうかん》である。幕府は自ら倒れた。

しかし、徳川家が大政を朝廷に奉還し、天皇を中心とする新政府が樹立されたからといって、そのまま「京都で国政を執る」とは限らなかった。むしろ、新政府内では〝遷都《せんと》論〟が公然と語られていた。

同年十二月に、王政復古《おうせいふっこ》の大号令で新政府が樹立される前の話である。

軍略家として知られた薩摩藩士の伊地知正治《いじちまさはる》は大政奉還を受け、藩主・島津茂久《もちひさ》に「大坂遷都」を提起する書面を提出する。旧習《きゅうしゅう》から脱却するには遷都にまさるものはない。大坂城の本丸を皇居《こうきょ》とし、二の丸に役所を置く。

**世界各国の首都や〝江戸城〟を見た外国人が、京都御所《ごしょ》をどう思うのかを伊地知は危惧《きぐ》する。江戸城に比べれば、かなり小規模であることを気にしたのだ。京都が狭隘《きょうあい》の地であることも問題視する。**

慶応四年（一八六八）正月の鳥羽《とば》・伏見《ふしみ》の戦いの直後、新政府で参与《さんよ》の重職を勤める薩摩藩士・大久保利通《おおくぼとしみち》は、旧習を一新して大変革を遂げるには遷都が不可欠として大坂遷都を提案する。大久保は提案に先立ち、同僚の参与たちから同意を取り付けていた。長州藩士・広沢真臣《ひろさわさねおみ》、土佐藩士・後藤象二郎《ごとうしょうじろう》、福井藩士・由利公正《ゆりきみまさ》という面々だ。

伊地知正治（国立国会図書館蔵）

しかし、参与よりも上席の議定《ぎじょう》を勤める公家や藩主たちの反発に遭《あ》い、大坂遷都論は却下される。代《かわ》って浮上

前島密（国立国会図書館蔵）

してきたのが「江戸遷都」論だった。近代郵便制度の創設者として知られる前島《まえじま》密《ひそか》が、その代表的な提唱者である。

前島は、大久保に次のような趣旨の意見書を提出する。江戸に比べると大坂も狭隘である。そして**江戸城はもとより、広大な大名屋敷や幕臣《ばくしん》の屋敷を政府用地に充《あ》てられるメリットがある**。四月十一日に江戸城は新政府に引き渡されるが、その直後に書かれたようだ。

江戸城と城下町が新政府の手に入り、五月二十四日に徳川家の駿河移封《するがいほう》が公表されることで、江戸遷都の流れが生まれるが、公家や京都市民の反発は必至だった。京都遷都以来、千年もの歳月《さいげつ》を重ねた歴史は重かった。

政府を取り仕切る大久保や参与の長州藩士・木戸孝允《きどたかよし》たちは、天皇の江戸への行幸《ぎょうこう》を実行することで〝既成事実〟を作り上げようと目論む。

## ❖明治天皇の〝東京行幸〟――その裏で「政府機能の移転」が着々と進む

六月二十七日、新政府のトップである輔相《ほそう》の三条実美《さんじょうさねとみ》、大久保、木戸、佐賀藩士で参与の大木喬任《おおきたかとう》、長州藩士で彰義隊《しょうぎたい》鎮圧の指揮を取った大村益次郎《おおむらますじろう》は江戸で協議し、天皇の江戸行幸と、江戸の「東京」への改称を決める。

東京への改称とは、江戸（東京）遷都のための布石《ふせき》だった。**西の京《みやこ》である京都に対し、東の京である東京。江戸を都に昇格させるわけである。**もちろん、徳川家の時代は終わったことを江戸っ子に知らしめよう、という意図も秘められていた。

岩倉具視（国立国会図書館蔵）

京都に戻った木戸と大木は輔相の岩倉《いわくら》具視《ともみ》と協議し、七月十七日に江戸を東京と改称する旨《むね》の詔書《しょうしょ》を布告させた。しかし、東京への行幸つまり東幸《とうこう》は新政府内で了解が取れなかった。天皇を東京まで長旅させるのは不安、東北や北越の戦乱がまだ収まっていない、東幸には莫大《ばくだい》な出費を要するとの反対論が公家たちの間で噴出したからである。

ようやく、同二十八日に新政府内で東幸が決まるが、期日までは決定できなかった。八月四日に天皇の東幸、二十八日には九月中旬の東幸が布告されたものの、九月二十日の出発日が確定したのは九月十三日のことである。その直前の八日に慶応は「明治」と改元され、八月二十七日には〝即位の礼《れい》〟が挙行された。

十月十三日、東海道を下ってきた天皇一行は旧江戸城西丸御殿《ごてん》に入る。この日、江戸城は「東京城」と改められ、皇居と定められた。

天皇の東幸には、「東京市民」に変身させられた江戸っ子にその威光を知らしめる意図があった。名実ともに新政府に帰順させる。

言い換えると、彼らの間では新政府への反発が強かった。自らを官軍《かんぐん》と称しても、幕府と敵対した薩摩・長州藩を主力とする以上、敵愾心《てきがいしん》はそう簡単には消えない。

よって、新政府は天皇東幸の際、徳川びいきの江戸っ子に酒を振る舞うことで天皇の恩沢《おんたく》に浴《よく》させようと目論む。これを「天盃頂戴《てんぱいちょうだい》」と称した。十一月四日、新政府は東京市民および近郊の農民に、東幸のご祝儀として計三千樽《だる》余の酒のほか土器、錫《すず》製の瓶子《へいし》、スルメなどを下賜《かし》する。

同二十七日、新政府は十二月上旬に天皇が京都に還幸《かんこう》すること、明春《みょうしゅん》に東京へ再行幸することを布告した。十二月八日、東京を出発した天皇は東海道を経由し、二十二日に京都へ戻る。

**約束どおり、新政府は天皇を京都に還幸させたが、政府機関の一部は既に〝移転済み〟だった。**例えば、天皇の東幸に従う形で、外交事務を執る外国官《がいこくかん》は長官以下が東京に移っていた。

東京を出発する直前の十二月六日、諸藩の代表者（公議人《こうぎにん》と呼ばれる）が藩論を展開する公議所《こうぎしょ》を、東京の旧姫路《ひめじ》藩邸に開設すると布告している。新政府は公議所を通じて諸藩の意見を集約しようとはかったが、京都ではなく東京に諸藩の代表者を集めようとした意図は明らかだろう。

翌七日には、東京城に宮殿を造営すると布告した。

東京遷都への既成事実作りは、着々と進んでいたのである。

## ❖東京再幸の反発――京都で「尊攘派志士」のテロ、民衆の動揺が広まる

明治二年（一八六九）正月十八日、政府は国是《こくぜ》に関する会議を開催するとして、四月中旬までに東京へ集まるよう諸藩の藩主に命じた。二十四日には、天皇の東京再行幸を三月上旬と布告する。

二月十八日、政府は東京再幸の出発日を三月七日と告げた。同二十四日には、天皇が東京に滞在している間は政府の最高機関である太政官《だじようかん》を東京に移し、京都には留守官《るすかん》を置くと布告する。

**天皇が京都に戻れば太政官も戻るというわけだが、太政官が京都に戻ることはなかった。事実上、東京遷都が宣言されたの**である。

三月七日、天皇は京都を出発し、東京へ向かった。同二十八日、天皇は東京に到着し、皇居・東京城に入る。以後、東京城は「皇城《こうじよう》」と称された。

しかし、なし崩《くず》し的な東京遷都の流れは、公家や京都市民の猛反発を引き起こしていた。当然ながら、東京再幸にも疑念が生まれる。そのまま天皇は東京にとどまり、京都に戻ってこないのではないか？

皇居の二重橋と伏見櫓。江戸城は「東京城」と改められ「皇城」になった

事態を憂慮《ゆうりょ》した政府は、太政官を東京に移すのは天皇が東京にいる間と出発前の二月二十四日に布告していたが、再幸反対の動きは収まらなかった。

京都では遷都の動きをきっかけに人心《じんしん》が動揺し、不穏な社会情勢に陥《おちい》る。**それに拍車《はくしゃ》を掛けたのが、政府の方針に反発して京都に集まってきた〝尊攘《そんじょう》派の志士たち〟である。**公家のもとに出入りし、「開国和親《かいこくわしん》」の方針に豹変《ひょうへん》した政府を激しく批判したのだ。

攘夷《じょうい》を幕府に強く督促《とくそく》し続けていた朝廷つまり明治政府は、鳥羽・伏見の戦いで勝利すると、一転、諸外国に対して幕府の外交方針を踏襲《とうしゅう》すると宣言していた。

そればかりではない。外国公使が御所に参内《さんだい》して、天皇の謁見《えっけん》を受けることまで許した。本来ならば、幕府が結んだ条約を破棄して諸外国とは断交し、攘夷を実行しなければならないのではないか？

そのため、尊攘派志士たちは、政府が開国論に転じたことに大いに不満を抱く。公家のなかには彼らの扇動《せんどう》に乗って反政府の動きを示す者もおり、政府は危機感を強める。

この年（明治二年）の正月五日には、熊本藩士で参与を勤める横井小楠《よこいしょうなん》が京都で暗殺されていた。開国論者として知られた小楠がキリスト教を広めようとしているという風説《ふうせつ》が流れ、これに刺激された尊攘派志士が凶行《きょうこう》に及んだのである。九月四日には、欧米に倣《なら》って「国民皆兵《かいへい》」を推進していた兵部大輔《ひょうぶたいふ》の大村益次郎が、同じく京都で尊攘派志士の襲撃に遭い、その傷がもとで死去する。京都の不《ふ》穏《おん》な社会情勢を象徴する事件だった。

そして、天皇に続けて皇后《こうごう》も東京に向かうことが布告される。

天皇の還幸を待ち望んでいた公家や京都市民の間には衝撃が走る。間違いなく、遷都なのではないか？

九月二十四日、御所の石薬師門《いしやくしもん》の前に市民が千人ほど集まった。**皇后の東京行《ぎょう》**

**啓《けい》に反対するとともに、天皇の京都還幸を求める。**同様の動きは各所でみられた。京都留守長官・中御門経之《なかみかどつねゆき》や京都府知事・長谷信篤《ながたにのぶあつ》は、遷都のための行啓ではないと説諭《せつゆ》に努める。来年春、天皇は京都に戻って大嘗祭《だいじょうさい》をおこなうとも約《やく》した。大嘗祭とは、即位した天皇が最初におこなう新嘗祭《にいなめさい》のことである。

政府の説諭も相まって、騒ぎはとりあえず収まる。十月五日、皇后は京都を出発し、二十四日に東京へ到着した。

しかし、天皇の京都還幸の約束は守られなかった。翌三年（一八七〇）三月十四日、政府は東北の政情不安定や凶作を理由に還幸を延期する。大嘗祭も東京でおこなわれた。その後、天皇が京都に向かうこともあったが、還幸ではなく「行幸」と称された。

横井小楠（国立国会図書館蔵）

明治元年から二年にかけて、天皇・皇后そして政府機能は京都から東京へ移っていった。事実上の東京遷都だったが、政府は京都の人心に配慮し、はっきりと遷都を布告することはなかった。遷都の宣言を控《ひか》えることで、これ以上の混乱が生じるのを防いだのである。

## ❖〝京都を去る〟公家や商人たち——急激な「人口減少」で景気の悪化

幕末に入ると、政局の舞台が江戸から移ったため京都の人口は急増する。将軍や諸大名が上洛《じょうらく》することで、幕臣や藩士も大勢住みはじめたからだ。これに、諸国から集まってきた志士たちも加わる。

人口が増加したことで、京都の経済は活性化した。対照的に、人口が減少した江戸は経済不況に陥る。

ところが、**明治維新を境に京都の人口は〝減少傾向〟に入る。**

事実上の東京遷都により太政官などの政府機関が移転し、諸大名も京都を離れて東京あるいは国元に戻ったからだ。京都に留まっていた公家たちも、次第に東京へ移り住みはじめる。

そのため、幕末には七万戸《こ》を数えた京都の人口は、明治に入ると六万戸を切ってしまう。御所の周りを取り囲むように広がっていた公家の屋敷も空き家となる事例が続出し、売りに出される始末となる。

京都に残った公家もいたが、総じて生活難に苦しむ。摂政や関白に任命される家格たる五摂《せっ》家《け》の一つ、鷹司《たかつかさ》家などは油《あぶら》商売をはじめた。**武家の商法ならぬ〝公家の商法〟が京都では展開されるが、失敗して零落《れいらく》するのがお決まりのパターン**であった。

鷹司家でさえ生活のため商売をはじめるぐらいであるから、他の公家などは推《お》して知るべしだ。京都では暮らしていけないため、結局は心ならずも東京に出ざるを得ない。そのため、京都はますます人口の減少傾向に歯止めがかからない悪循環に陥る。

となれば、景気の悪化は避けられない。天皇や公家からの需要に応える形で町人たちは生業《せいぎょう》を成り立たせていたが、出入先《でいりさき》が消滅した以

1870年代の京都。八坂神社の階段から眺めた祇園の通り（提供：MeijiShowa.com/アフロ）

上、京都を去る商人や職人は後を絶たなかった。

京都を本拠に、呉服《ごふく》商と両替商を営《いとな》んできた三井家などの豪商も例外ではない。東京に拠点を移していく。

京都の伝統産業の象徴だった「西陣《にしじん》」も大打撃を受ける。西陣というと高級織物《おりもの》のイメージが強いが、**最大の得意先は天皇や公家たち**だった。京都から天皇や公家が去ればどうなるかは、火を見るよりも明らかだろう。そうした事情は、他の手工芸品についても同様である。

景気が悪くなれば、社会不安が増幅するのは論を俟《ま》たない。横井小楠や大村益次郎といった政府指導者へのテロ行為だけでなく、次のような計画まで練られるに至る。

明治四年（一八七一）二月から三月にかけ、武力をもって天皇の京都還御《かんぎょ》を実現させようという計画が発覚する。首謀者は公家の外山光輔《とやまみつすけ》と愛宕通旭《おたぎみちてる》だった。京都衰退の現状を打開しようという意図も秘められていた。

こうして、京都の経済復興は焦眉《しょうび》の政治課題となる。

## 京都が〝活気〟を取り戻すまで十数年――「あの手この手」の勧業政策

歴史教科書では定番の記述だが、明治政府は近代化の名のもと殖産興業《しょくさんこうぎょう》にたいへん力を入れる。欧米諸国から機械を輸入し、技術者も雇《やと》い入れ、あるいは留学生を派遣することで欧米の産業技術を日本に根付かせようとはかる。

**こうした殖産興業策を全国の府県《ふけん》に先駆けて推進していたのが、実は京都府だった。**京都の経済復興に迫られていた政府も、京都府の殖産興業策を強力にバックアップする。

明治二年（一八六九）四月、政府は勧業基立金《かんぎょうもとだてきん》として十五万両を京都府に貸与したが、翌三年二月には、天皇の還幸延期と引き換えの形で産業基立金十万両が別に下賜される。勧業基立金とは異なり、産業基立金には返済義務がなかった。俗《ぞく》に「お土産金」とも称された基金だが、**いかに政府が〝京都の経済復興〟を重視していたか**が分かる措置である。

京都府は政府から下付《かふ》された両基立金の運用により、殖産興業を積極的に推進していく。当時、府政を牛耳っていたのは、長州藩出身で京都府の権《ごん》大参事や知事を勤めた槇村正直《まきむらまさなお》である。政府首脳である木戸孝允の信任が厚い人物だった。槇村は勧業政策を進めるにあたり、山本覚馬《かくま》という人物をブレーンとする。山本は長崎遊学の経験もある開明派の会津《あいづ》藩士だったが、戊辰戦争の際に京都の薩摩藩邸に幽閉され、失明の憂《う》き目に遭う。しかし、西洋の社会に通じた該博《がいはく》な知識が期待され、明治三年四月に京都府の勧業御用掛《ごようがかり》に登用《とうよう》される。

山本が中心となった京都府の勧業政策は、次の点に集約される。**外来産業の導入と伝統産業の振興の二点だ。**

外来産業の導入については、三年十二月に長州藩の旧河原町《かわらまち》屋敷跡に設置された舎密《せいみ》局が中心となる。舎密局では薬剤、石鹸《せっけん》、氷糖《ひょうとう》、ラムネ、ビール、陶磁器、ガラス、漂白粉《ひょうはくこ》などの生産、印刷・写真技術の研究、水の分析などがおこなわれた。現在で言うと、「化学試験場」のような役割を果たした機関である。

四年二月十日には、舎密局の隣《となり》に勧業場も設置される。勧業場内には府の勧業課が置かれ、貿易の奨励《しょうれい》、物産の陳列、資金の融通、そのほか新事業の企画や監督など勧業に関わる一切の事務を執った。勧業場には養蚕《ようさん》場、製糸場、製革《せいかく》場、製靴《せいか》場、牧畜《ぼくちく》場なども置かれ、欧米の最新技術の導入がはかられた。

西洋人の技術者の招聘《しょうへい》にも積極的だった。いわゆる〝お雇い外国人〟である。

伝統産業の振興については、「東京遷都」により大打撃を受けた西陣の織物業に対する振興プロジェクトが挙げられる。西陣物産会社の設立である。

西陣物産会社は産業基立金を活用する一方、西陣の織工《しょっこう》を絹《きぬ》織物業の盛んなフランスに留学させた。フランスの最新技術を修得させ、織物業の技術革新をはかったのだ。織工たちは帰国すると、京都府が設立した織工場で技術指導をおこなう。

明治期の西陣撚糸再整株式会社。『京都府写真帖』より（国立国会図書館蔵）

こうした技術革新により息を吹き返した西陣織は品質を向上させ、海外に販路を見出《みいだ》す。西陣織だけではない。陶磁器や漆器《しっき》類も同様だ。**一連の技術革新により、京都の伝統産業は〝海外に販路〟を確保して復活を遂げる。**

四年から十年までは、本願寺《ほんがんじ》などを会場に博覧会が毎年開催された。勧業意欲

明治5年（1872）に開催された第1回京都博覧会。会場は寺院が使われた（提供：MeijiShowa/アフロ）

を高めることが目的だった。博覧会には、日本製品のみならず外国製品も出品され、相互の技術交流がはかられる。

しかし、一連の勧業政策にも拘《かかわ》らず、京都は経済の不況、そして人口の低落傾向をなかなか脱せなかった。

京都が本格的に活気を取り戻すのは、「琵琶湖疏《そ》水《すい》工事」が着工される明治十八年（一八八五）前後とされる（佐々木克《すぐる》『江戸が東京になった日』講談社選書メチエ、二〇〇一年）。

「東京遷都」後の京都復興の道のりは、長かったのである。

## (二) 政府官吏の横暴と腐敗——勝者が「私利私欲」を満たす

### ❖〝幕府消滅〟と大名屋敷の没収——「取り上げられても文句は言えない」

「東京遷都」により、江戸の風景は大きく変貌《へんぼう》する。

江戸城が解体され、その周りに広がっていた大名屋敷や旗本・御家人の屋敷も政府に取り上げられたからである。

明治三年（一八七〇）十一月より、政府は江戸城諸門の撤去を開始する。大手門など内郭《ないかく》の九門を除き、五年八月までに城門は石垣や礎石《そせき》を残してすべて撤去された。

江戸城は〝その姿〟を東京の街から徐々に消したが、周辺に広がっていた大名屋敷も同じ運命を辿《たど》る。

政府は、東京を首都とする国家作りを急ピッチで進めていたが、その際、役所の用地や役人に与える屋敷の確保は不可欠である。そこで目を付けられたのが、江戸城周辺で諸大名が幕府から拝領《はいりょう》した屋敷であり、幕臣の旗本・御家人が拝領した屋敷だった。

**江戸の面積の過半は大名屋敷で占められており、役所の用地を充分に確保するためには〝大名屋敷の没収〟は避けて通れない。**会津藩はじめ戊辰戦争で政府に敵対した諸大名の屋敷は没収したが、それだけではとても足りなかった。

明治元年八月、政府は十万石以上の大名が拝領できる屋敷は三ヶ所、十万石以下の大名の場合は二ヶ所に制限する。

諸大名は江戸に上《かみ》・中《なか》・下《しも》屋敷の三つを持っていた。大名が住む上屋敷、世継《よつ》ぎが住む中屋敷は一つだが、下屋敷は複数所持するのが通例である。いずれも、幕府から拝領した屋敷だった。

明治元年に政府は拝領屋敷の数を最大三ヶ所に制限したが、三年には二つに制限する。そのため、諸大名側は「改めての拝領」という形で屋敷の確保をはかるが、政府の姿勢は堅《かた》かった。

そもそも、上・中・下屋敷は幕府から拝領したもので、買得《ばいとく》したものではない。**幕府が消滅した以上、所持を主張する根拠はない。**取り上げられても文句は言えなかったのである。

旧佐倉藩主・堀田氏の向島屋敷の回遊式庭園（写真提供：PPS通信社）

明治元年以来、政府は諸大名の屋敷を没収する一方で、接収《せっしゅう》した大名屋敷を官庁の用地や軍用地に転用していった。

大手町に大蔵省・内務省・文部省、丸の内に司法省、霞《かすみ》が関《せき》には外務省が建設された。有楽町《ゆうらくちょう》には陸軍省が建設されたが、軍用地である練兵《れんぺい》場は日比谷に置かれた。日比谷練兵場は後に三菱《みつびし》に払い下げられ、丸の内のビジネス街が誕生することになる。

大名屋敷が政府の用地や軍用地に転用される過程で消えていったのは、壮《そう》麗《れい》な御殿や屋敷門、長屋《ながや》などの建物だけではない。巨大な庭園も大半が消滅する。

あまり知られていないが、大名屋敷には庭園が造られるのが定番である。数千坪《つぼ》そして数万坪の規模に及ぶ庭園も珍しくなかった。

江戸在府《ざいふ》中、諸大名は互いの屋敷を訪問しあったが、その際には庭園での接待が不可欠だった。**大名屋敷（庭園）は、大名どうしの〝社交場〟としての顔を持っていた。**

しかし、明治維新を境に大名屋敷そして庭園は破壊され消滅していく。水戸《みと》藩上屋敷内の庭園だった小石川後楽園《こいしかわこうらくえん》、大和郡山《やまとこおりやま》藩中（下）屋敷内の庭園だった六義《りくぎ》園《えん》は、東京に現存する江戸の貴重な遺産なのである。

## ❖「すべて朝廷のものである！」——旗本屋敷を一軒まとめて分捕った役人

大名の屋敷が没収されるのに合わせ、幕臣の屋敷も没収されていく。

徳川家の駿河移封に伴《ともな》い、旗本や御家人の大半は藩主・徳川家達《いえさと》に御供《おとも》する形で静岡に移住する。あるいは、徳川家にお暇願《いとまねが》いを出して農業や商業をはじめた。徳川家を離れて政府に仕《つか》える者は別として、幕臣が幕府から拝領した屋敷は取り上げられるのが定めだった。

**大名屋敷が「役所の用地」などに転用されたのに対し、旗本や御家人の屋敷は「政府役人の屋敷」に充てられた。**外国事務局判事《はんじ》として政府に出仕《しゅっし》した佐賀藩士の大隈重信《おおくましげのぶ》などは、旗本の戸川安宅《とがわやすいえ》が築地《つきじ》に持っていた五千坪もの屋敷を与えられている。

大隈の屋敷には、明治の元勲《げんくん》となる長州藩士の伊藤博文《ひろぶみ》や井上馨《かおる》をはじめ、新国家建設に大志を抱く青年たちが出入りし、日夜議論を戦わせた。いわゆる「築地の梁山泊《りょうざんぱく》」と呼ばれた屋敷である。

その一方、明治維新の混乱に乗じる形で、戦利品のように好き勝手に屋敷を分捕《ぶんど》ってしまう事例も少なくなかった。

土方久元（国立国会図書館蔵）

土佐藩士として国事に奔走《ほんそう》し、後には農商務相や宮内相といった閣僚を歴任した土方久元《ひじかたひさもと》という人物がいる。明治元年七月十七日に江戸は東京と改められ、東京府が新たに置かれたが、土方は府知事・烏丸光徳《からすまるみつえ》のもとで判府事に任命される。副知事のような役職であり、江戸時代で言えば事実上の〝江戸町奉行職《まちぶぎょう》〟だ。

土方が勤務する東京府庁は大和郡山藩・柳沢《やなぎさわ》家の上屋敷内に置かれたが、土方自身が住む屋敷は、自分の配下となった旧町奉行所の与力をして物色させている。間もなく駿河台《するがだい》で手頃な物件を見つけたが、**これは小栗上野介《おぐりこうずけのすけ》の通称で知られる旗本・小栗忠順《ただまさ》の屋敷であった。**

勘定《かんじょう》奉行や町奉行などの要職を歴任した小栗は、徳川慶喜《よしのぶ》の恭順《きょうじゅん》路線に反対して抗戦論を唱えたため、役職を取り上げられる。江戸を去って知行《ちぎょう》地の上野国権《ごん》田《だ》村（現・群馬県高崎市）に引き込んだが、新政府軍に叛逆《はんぎゃく》の疑いを掛《か》けられて処刑される。

当時、小栗の屋敷は空き屋敷となっていたため、土方は自分の屋敷としてしまう。明治元年八月に政府は、没収した幕臣の屋敷を政府の役人などに貸与する方針を打ち出しており、それを根拠として手に入れる。小栗の屋敷は、政府に敵対した幕臣の屋敷として〝没収対象〟だったのだ。

ところが、土方は隣の滝川具挙《たきがわともあき》の屋敷にも目を付ける。滝川も小栗と同じく旗本で、京都町奉行などを勤めた。鳥羽・伏見の戦いに敗れた後は、江戸に戻って屋敷で蟄居《ちっきょ》していた。

小栗屋敷には馬場《ばば》があったが、隣の滝川屋敷の馬場と繋《つな》げれば広い馬場になるとして、土方は滝川を立ち退《の》かせて自分の屋敷とする。維新後の混乱に乗じ、分捕った格好だ。

滝川は徳川家達に御供する形で駿河に向かう予定だった。よって、土方の要求に大人しく従い屋敷を引き渡したが、その際、家具や畳《たたみ》のほか建具《たてぐ》まで外して持ち運ぼうとする。売り払おうとしたのだろう。

**土地は幕府から拝領したが、家作《かさく》（家を作ること）は自費である。屋敷を引き払って引っ越す際に、家具や畳そして建具を外して持ち去るのは、当時はごく当たり前の行為だった。**

小栗忠順（国立国会図書館蔵）

滝川の行為は何ら咎《とが》められる筋合いはなかったが、土方は「すべて朝廷のものである」との理屈で置いていくように命じる。理不尽《りふじん》な申し入れであっても、負けた方は立場が弱い。甘受《かんじゅ》しなければならない。止むなく、滝川は畳や建具を付けたまま屋敷を引き渡した。幕臣の屋敷の没収をめぐっては、こうした理不尽な事例が決して珍しくなかったことは想像するにたやすい。

## ❖〝泥棒の仲間〟になれ？──「官吏たちの贅沢三昧」を嘆いた西郷隆盛

徳川家から政権を奪取した薩摩藩や長州藩などは、藩士たちが次々と政府の役人に取り立てられたが、その行状《ぎょうじょう》は決して褒《ほ》められるものではない。我が世の春を謳歌《おうか》する余り、驕《おご》り高ぶった行状に及ぶ者が少なくなかった。土方が滝川の屋敷を分捕ってしまったのはその一例である。

**そんな政府の現状を激しく糾弾《きゅうだん》した人物がいる。「維新最大の功労者」である薩摩藩士の西郷隆盛その人であった。**

戊辰戦争時、東北・越後の諸藩は奥羽越列藩《おううえつれっぱん》同盟として新政府に敵対したが、やがて降伏する。しかし、庄内藩《しょうない》藩については会津藩などに比べて寛大な処置が取られた。その陰には、西郷の配慮があったことを知った庄内藩の主従《しゅじゅう》は、西郷を厚く奉《ほう》ずるようになる。

明治三年（一八七〇）八月十六日、庄内藩主だった酒井忠篤《さかいただずみ》の使者として犬塚盛《いぬづかもり》巍《たか》という藩士が西郷のもとを訪れるが、その際、西郷は政府の現状について次のように語ったという。当時、西郷は薩摩藩で大参事を勤めていたが、政府からも出仕を求められていた。

今の政府役人は何をしているかというと、その多くは月給をむさぼり、大名屋敷に住み、何一つ実績を上げていない。悪く言えば、泥棒《どろぼう》である。自分に対して政府に仕えろというのは、泥棒の仲間になれというものではないか（『西郷隆盛全集』第三巻、大和書房、一九七八年）。

西郷の言行録《げんこうろく》として著名な『南洲翁遺訓《なんしゅうおういくん》』の第四条目でも次のように語る。

維新直後というのに、政府首脳たちは立派な家屋を建て、洋服を着飾り、蓄財《ちくざい》のことばかり考えている。これでは維新の功業《こうぎょう》は成就しない。

今となっては、戊辰戦争という義戦《ぎせん》も彼らが私利私欲を肥《こ》やすだけに終わった。国に対して、戦死者に対して面目が立たない（『西郷南洲遺訓』岩波文庫、一九九一年）。

**自分が討幕により樹立した政府の現状に、我慢ならない気持ちが吐露《とろ》されている。**かつての同志たちが政府の役人となった途端、政治刷新《さっしん》への意欲を失い、東京で贅沢三昧《ぜいたくざんまい》な生活に耽《ふけ》っていることに我慢ならなかったのだ。政治腐敗に他ならない。土方のように、横車《よこぐるま》を押して屋敷を分捕るような所行も許せなかったに違いない。

そんな政府の現状に、悲憤慷慨《ひふんこうがい》したのは何も西郷だけではない。

第三章で述べるとおり、自らの死をもって政府首脳への諫言《かんげん》を試みた薩摩藩士もいた。その諫死《かんし》に強く感動した西郷は追悼碑《ひ》を建立《こんりゅう》している。政府の役人は遊興と奢侈《しゃし》に走っているため事を誤《あやま》る者が多い、という西郷の文章が追悼碑には刻まれていた。

## ❖「大リストラ」された幕臣たちの末路――〝零落する〟のは時間の問題

東京で贅沢な生活に耽っていた政府の役人とは対照的に、幕臣たちの生活は苦しかった。静岡移封（静岡藩の誕生）を受け、幕臣たちは今後の身の振り方として徳川家から三つの選択肢を提示されていた。

（一）新政府に帰順《きじゅん》して朝臣《ちょうしん》となる。

（二）徳川家にお暇願いを出して、新たに農業や商売をはじめる。
（三）無禄《むろく》覚悟で新領地静岡に移住する。

徳川家の静岡移封とは、実は八百万石から七十万石への大減封《だいげんぽう》でもあった。そのため、徳川家臣団の大リストラは必至の情勢であり、徳川家としてはできるだけ多くの幕臣が新政府に仕えることを望んだ。ところが、**生活の保障がなくても徳川家の家臣でいたいと希望する者が圧倒的だった**のである。

さすがに徳川家も無禄というわけにはいかず、藩士となった幕臣たちに扶持米《ふちまい》を支給したが、生活費までは手が回らなかった。藩士たちは扶持米を売って生活費に充てなければならなかったが、となると食べ物に不足する。

その日の食事にも事欠《ことか》くようになると、勤務日以外（非番）は食料の確保に駆けずり回る。海辺まで出掛けて青海苔《あおのり》を採取したり、谷に入ってワラビなどを採取して飢えを凌《しの》いだ。

ついには、七人家族が枕《まくら》を並べて餓死した事例、飢えに苦しむ者が麦粥《むぎかゆ》を一気に食べたため、縮んでいた胃が詰まり即死した事例まで出てしまう。

藩士たちの住宅事情もたいへん悪かった。裏店《うらだな》住まいや、農家の小屋を借りて住

**間の問題だった。**

居とする例も珍しくなかった。**「静岡藩士」となった幕臣の多くが零落するのは時間の問題だった。**

徳川家にお暇願いを出して商売をはじめた者の多くにも、悲惨な末路《まつろ》が待っていた。

幕臣がはじめた商売は酒屋、米屋、古着屋、小間物《こまもの》屋などバラエティーに富んでいたが、一番多かったのは汁粉《しるこ》屋、団子《だんご》屋、炭薪《すみたき》屋、そして古道具屋である。

汁粉屋をはじめた幕臣には、次のような笑い話がある。

件《くだん》の汁粉屋では団子、汁粉、雑煮《ぞうに》がメニューだったが、毎日勘定《かんじょう》を締《し》めてみると、不思議なことに儲かってばかり。それは当然のことで、材料である餅《もち》や米の粉《こな》の代金が一切掛からなかったからだ。

すべて、知行所の農村から無代《むだい》で取り寄せたものであり、そうした事情は燃料の薪や炭についても同じだ。掛かった経費は、材料の小豆《あずき》と砂糖代のみであり、儲かってばかりなのは至極《しごく》当然である。

しかし、そんな恵まれた条件もその年限りだった。政府に仕えない決断をした段階で、知行所が取り上げられるのは時間の問題である。もはや無代で材料も燃料も入ってこない以上、店仕舞《みせじま》いとならざるを得ない。

「士族の商法」を描いた錦絵（国立国会図書館蔵）

何の商売かは分からないが、お釣《つ》りの計算ができず、お客に勘定してもらう事例さえあった。お勘定の時、財布を渡して勘定分を抜き取らせるのが〝武士の美徳〟とされた時代だが、こんな勘定なしの商売をしていては零落するのも同じく時間の問題だった（塚原渋柿園《じゅうしえん》「明治元年」『幕末の武家』所収、青蛙房、一九七五年）。

**東京で政府官吏が〝我が世の春〟を謳歌する陰で、幕臣たちの多くは零落し、やがて歴史の闇《やみ》に消えていくのである。**

## (三)士族授産の失敗――「救済策」のはずが首都の混乱を悪化

### ❖幕末から江戸は「人口激減」――東京も〝経済不況〟に苦しめられる

明治に入ると、江戸改め東京は将軍から「天皇のお膝元」に生まれ変わったが、政府機能が移されたばかりの東京は、これから紹介していくとおり〝荒《あ》れ野原〟が目立った。

**実は幕末以来、江戸の人口が減り続け、極度の不況に陥っていた**ことが最大の理由だったのである。まったく町に活気がなかったが、そうした事実はほとんど知られていないだろう。

江戸の繁栄は武士階級によって支えられていた。

なかでも、一年ごとの江戸居住が義務付けられた大名とその家臣たちの存在は大きかった。参勤交代《さんきん》制度である。

**諸大名の年間経費の半分以上は、江戸藩邸で大名と大勢の家臣が生活物資を消費**

「温古東の花 旧正月元旦諸候初登城」。将軍に新年の挨拶を終えて、帰途につく諸大名の行列（提供：PPA/アフロ）

**することで消えた。江戸の消費経済への〝貢献度〟は非常に大きかった**が、そのぶん諸大名の財政に大きな負担となるのは避けられなかった。

そのため、幕府は文久二年（一八六二）閏《うるう》八月に参勤交代制度を緩和する。三年に一度の江戸在府とし、在府期間も一年から百日に短縮することで諸大名の負担を軽くする。そのぶん軍備を充実させることで、外国の脅威に備えさせようとしたのだ。

しかし、幕府による諸大名統制の〝根幹《こんかん》〟だった参勤交代制の緩和は、諸大名の自立性を高める結果をもたらし、幕府の権威を著《いちじる》しく低下させる。江戸藩邸からの需要に大きく支えられていた江戸の消費経済にも、深刻な影響を与えた。在府期間が短くなれば、それだけ諸大名からの注文が減るのは言うまでもない。

大名の江戸藩邸を相手に生計を成り立たせていた商人や職人たちは、たちまちのうちに干上《ひあ》がってしまう。現代風に言えば、倒産や転職、あるいはリストラの嵐《あらし》が吹き荒れる。江戸は不景気のどん底に陥った。

文久二年に参勤交代制度が緩和された際には、江戸に置いた妻子を国元に帰国させても構わない、大名が国元に戻っている場合は江戸屋敷には多くの家臣を置かないようにせよ、という指令も出されていた。こうして、江戸詰《づめ》家臣の数は次第に減っていく。

翌三年（一八六三）三月には時の十四代将軍・徳川家茂《いえもち》が上洛し、江戸を長く不在にする。政局の舞台が京都に移ったことで、幕府首脳部や多数の幕臣団はもちろん、諸大名も江戸を離れていった。

**やがて、江戸に参勤する大名はいなくなる。さらに、明治維新後は諸大名の屋敷が次々と没収されたため〝江戸詰の家臣〟はほとんどいなくなった。**

幕末から明治初年にかけて東京は人口が激減し、極度の不況に陥る。俗に「百万都市江戸」の武家人口は五十万人と言われるが、その大半は大名の家臣だった。よって、諸大名の帰国が及ぼした影響は実に大きかったのである。

こうした状況が克服されるには、廃藩置県を経て中央集権化が進行し、人口が再び増加するのを待たなければならなかった。

## ❖「荒れ野原」の東京――大名屋敷が草むらに、武家屋敷が畑に変じる

近代日本の「女性解放運動」のシンボルの一人に数えられる山川菊栄《やまかわきくえ》という人物がいる。戦後まもなく、初代の労働省婦人少年局長に就任したが、幕末や明治維新に関する著作があることはあまり知られていない。

山川菊栄の母は、青山千世《あおやまちせ》という。安政四年（一八五七）に水戸藩士で儒学《じゆがく》者の青山延寿《のぶとし》の娘として生まれたが、見聞《けんぶん》した幕末～明治維新期の社会状況を娘の菊栄が聞き取っている。

以下に取り上げる『おんな二代の記』も、千世の見聞を菊栄がまとめた聞き書きだが、明治維新期の東京の様子が活写《かつしや》された著作であった。

明治五年（一八七二）、東京府地誌《ちし》課長の声が掛かった青山延寿は水戸から東京に出てきたが、娘の千世に当時の東京の様子を次のように語っている。

旧水戸藩邸のあと、後楽園周辺の地域は練兵場となって一面に細い草につつまれ、九段坂《くだんざか》をのぼると、新築したての招魂社《しょうこんしゃ》（靖国《やすくに》神社）がりっぱなだけだ。この辺一帯、高い土塀《どべい》をめぐらし、棟《むね》の高い堂々たる旗本屋敷ばかりだった昔にひきかえ、今はあたり一面麦畑、菜畑《なばたけ》になってしまい、おりおり雉子《きじ》の声がきこえるばかり。瓦《かわら》や小石や馬や犬の糞《ふん》や、土くれがうず高く道をうずめている。麴町《こうじまち》通りをすぎ、平川町に出、日枝《ひえ》神社にまいると、ここだけは昔のままにりっぱなお宮が残っている。ここから東へ十町《ちょう》、新橋までの間、昔は豪勢な大名屋敷がつづいていたのだが、今は瓦がおち、練塀《ねりべい》がはげ、棟は朽ち、青草がしげっているばかり（山川菊栄『おんな二代の記』平凡社東洋文庫、一九七二年。ルビを補足）

「旧水戸藩邸」とは水戸藩の小石川上屋敷のことであり、屋敷内には名園《めいえん》・後楽園もあった。かろうじて後楽園は残ったものの、御殿などの建物が立っていた場所は政府に取り上げられて**練兵場となり、草むらに転じる**。

近くの九段坂界隈《かいわい》は、旗本屋敷が立ち並ぶ武家屋敷街として知られていたが、政府に没収されたことで、**麦畑や野菜畑に変じる**。建物が壊されて畑になったのだ。

後述するような桑《くわ》や茶《ちゃ》も植え付けられたに違いない。

新橋界隈は、かつて仙台藩・伊達《だて》家などの屋敷が立ち並ぶ大名屋敷街であった。ところが、管理する者がおらず放置されていた。建物は壊れるに任せ、**青草が生《お》い茂る**状態だった。

**武家地や町人地に限らず、東京が荒れ果てていた様子**がよく分かる証言である。

## ❖大失敗に終わった「桑茶政策」――百万坪に植えた七、八割が枯れる

大木喬任（国立国会図書館蔵）

こうした東京の荒廃《こうはい》ぶりに、政府当局は手をこまねいていたわけではない。そこで打ち出されたのが、没収した幕臣たちの屋敷に桑や茶を植え付けることだった。
明治二年（一八六九）八月二十日、東京府知事・大木喬任の発案により「**桑茶政策**」と俗称《ぞくしょう》される政策が布告される。
桑か茶を植え付けたいと希望する者は、

桑畑

希望の場所を東京府に申し立て地所《じしょ》の払い下げを受けること、その後四ヶ月以内に植え付けること、他の作物《さくもつ》を植えた場合は払い下げ地を没収する、というのが布告の趣旨だった。

当時は、**蚕糸《さんし》（生糸《きいと》）と茶が日本の主力輸出品だった。幕臣の屋敷を桑畑や茶畑に生まれ変わらせて生糸や茶を増産し、これを輸出して国を富ませようと目論ん**だのである。

にわかに、東京は桑畑もしくは茶畑と化していく。

明治六年（一八七三）三月の調査によれば、政府が没収した三百万坪のうち、開墾《かいこん》対象となったのは百十万六千七百七十坪。そのうち、桑茶が植えられたのは百二万五千二百七坪にも及んだ。一時期、東京が桑畑と茶畑に変じた様子が浮かんでくる数字である。

しかし、この桑茶政策は大失敗する。屋敷地として使われていた土地を、いきなり開墾して桑畑や茶畑にしてもまともに育つはずがない。実際、植え付けた桑・茶のうち七〜八割は枯《か》れてしまったという。

発案者の大木も、桑茶政策は大失敗だったと回顧している。

自分が参与から東京府知事の兼任を命ぜられた当時、第一にその処置に困ったのは旧大名及び幕府旗下《きか》の士の邸宅である。塀は頽《すた》れ、家は壊れて、寂寞《せきばく》たる有様。これが東京府の大部分を占めておったのである。で、自分はこの荒屋敷《あれやしき》へ桑茶を植え付けて殖産興業の道を開こうと思った。今から思うとずいぶん馬鹿な考えで、桑田変じて海となるということはあるが、都会変じて桑田となるというのだから、確かに自分の大失敗であったに相違《そうい》ない（『史話明治初年』新人物往来社、一九七〇年。ルビを補足）

冒頭で述べたとおり、この頃政府内は混乱状態を呈していたが、そうした事情はお膝元の東京府も同じだったのである。

## ❖ウサギがあふれた東京の街――〝無計画〟に奨励された士族の商法

このように東京では一時期、桑畑や茶畑が増えたが、ウサギの数も急増した。桑茶の植え付けと同じく一過性《いっか》に終わったものの、ウサギの飼育も盛んだったのである。

先に京都を事例としてみたように、政府は近代化の名のもと殖産興業と称して、欧米諸国の産業技術の導入をはかる。日本に根付かせようと、盛んに推奨《すいしょう》した。

明治維新を境に武士身分は消滅し、それまでの武士は「士族」と総称されるが、政府は俸禄《ほうろく》カットなどで困窮《こんきゅう》していた士族に対し、その生活支援のため様々な事業を推奨する。**いわゆる「士族授産《じゅさん》」だが、これには殖産興業の側面もあった。**

しかし、ご多分に漏《も》れず、新しいビジネスに乗り出して巨利《きょり》を得る者もいれば、そうでない者も大勢いた。というよりも、失敗する事例が大半だった。士族の商法に終わったのだ。ウサギの飼育繁殖もその典型的な一例である。

**政府の奨励もあり、士族たちは養兎《ようと》に次々と手を出す。**持ち金はたいて種兎を購入し、屋敷を飼育場として繁殖させたが、先に登場した青山千世によれば結末は以下のとおりだった。

　くいつめた士族が家屋敷を抵当《ていとう》にし、家財道具を売って高い種兎を買い、荒れ屋敷の片すみで育てるうちに、ふえたわ、ふえたわ。兎はむちゃくちゃにふえたものの、さて肉や皮の利用は知らず、政府も奨励しっ放しであとは無計画なのですからしまつがつかず、はては餌《えさ》代にも困り、ただでも貰《もら》い手がなくなると、夜になってこそこそ空地やお濠《ほり》の土手の中にすててゆく者がふえました。小赤壁《しょうせきへき》といわれた美しいお茶の水の渓谷《けいこく》や千世の家の前の土手にも、青草の繁《しげ》みの中に白い兎がピョンピョンとびはねている姿が見られ、何をしても失敗つづきで、これを最後のきずなと頼んで軽い財布《さいふ》の底をはたいた貧乏士族はいよいよ頼みの綱《つな》もきれた姿となりました（山川菊栄『おんな二代の記』。ルビを補足）

**「繁殖させたウサギ」をどうするのかについて、明確な見通しが奨励する政府の側にはなかった。**食用にするのか、その皮を売るのか。いずれにしても、需要に裏付けられた奨励策ではなかった。

需要がなければ、つまり利益が出なければ飼育者の士族たちはウサギの飼育代にも事欠くことになる。増え過ぎたウサギは、捨てられてしまうのが関の山だった。この頃、東京の空き地や旧江戸城の堀《ほり》では、捨てられた白ウサギの姿をよく見かけたという。

**歴史教科書では描かれることのない、明治初年の東京の姿であった。**

# 第二章

# 「人材不足」に悩む薩摩・長州藩

## ――旧幕臣の引き抜き

## (二)天朝御雇と静岡藩――明治政府を支えた「旧幕臣たち」

### ❖人材の宝庫――「時代の最先端」を行く静岡学問所と沼津兵学校

明治維新を境に、徳川家は一大名に転落した。

江戸城は取り上げられ、駿河・遠江《とおとうみ》・三河七十万石の大名として駿府城（静岡城）を与えられた。静岡藩の誕生である。

それまでの八百万石の身上《しんしょう》から七十万石への大減封であり、静岡藩は抱え切れないほどの藩士を抱えて財政難に苦しむ。しかし、**学問や技術のレベルは他藩の追《つい》随《ずい》を許さないほど高かった。**

中央政府だった幕府が母体である以上、レベルの高さは当然と言えなくもないが、明治政府の母体である薩摩・長州藩の方が先進的で、幕府が後進的だったというのが一般的なイメージだろう。だが、そのイメージは片寄ったものに過ぎない。

幕末に入ると、幕府は藩士（陪臣《ばいしん》）であっても学問や技量に秀でていれば登用していた。慶応義塾の創立者である福沢諭吉《ふくざわゆきち》もその一人だった。

豊前《ぶぜん》国中津《なかつ》藩士の福沢は語学能力が注目され、幕臣に抜擢《ばってき》される。役職は外国奉行支配調役《しらべやく》次席翻訳御用《ごよう》で、身分は旗本である。

幕臣に代って政府の役人となった薩摩・長州藩士たちは国政担当の経験がなかったため、実際にその場に立つと経験不足が露呈《ろてい》する。明治初期、政府部内が混乱する大きな要因にもなった。

よって、政府は静岡藩に目を付け、国政を担《にな》うに足る優秀な藩士を引き抜く。言い換えると、**静岡藩士つまりは〝幕臣の力〟を借りなければならないほど、政府は人材不足に苦しんでいた。**

初代・静岡藩主となった徳川家達（国立国会図書館蔵）

静岡藩には、政府や諸藩から注目された二つの教育機関があった。静岡学問所と沼津《ぬまづ》兵学校だ。先に創設された静岡学問所からみていこう。

明治元年（一八六八）十月、駿府城四《よ》ツ足門《あしもん》内の定番屋敷《じょうばん》に静岡学問所が設置された。定番屋敷とは、城代《じょうだい》とも

津田真道（国立国会図書館蔵）

に城の警備にあたった駿府定番（旗本役）が詰めていた屋敷である。静岡学問所は府中《ふちゅう》学問所、静岡学校とも称された。

その責任者は静岡藩少《しょう》参事の津《つ》田《だ》真一郎たちだが、津田真一郎とは後の津田真道《まみち》のこと。日本で最初の西洋法律書『泰西国法論《たいせいこくほうろん》』を編纂《へんさん》したが、もともとは美作《みまさか》国津山《つやま》藩士から幕臣に登用された人物である。

津田には洋行《ようこう》経験があった。幕府が設立した洋学の研究・教育機関である蕃書《ばんしょ》調所《しらべしょ》の教授手伝《てつだい》を勤めていた頃、オランダへの留学を命じられる。その時、津田と一緒にオランダに渡ったのが西周《にしあまね》、赤松則良《あかまつのりよし》、榎本武揚《えのもとたけあき》の面々だ。

文久二年（一八六二）十一月よりオランダに留学した津田たちが帰国したのは、四年後の慶応二年二月のことである。帰国後、蕃書調所改め開成所《かいせいじょ》の教授職に引き上げられ、幕臣に登用される。明治維新後は、そのまま静岡藩士に転じた。

静岡学問所には英語・仏語・蘭《らん》語・独語の学習コースが設《もう》けられた。津田と同じ

駿府城跡（静岡市）

く洋行経験のある藩士（元幕臣）が教授陣に名を連ねており、幕府の開成所がそのまま静岡に移ってきた格好だった。

明治二年（一八六九）正月には、藩領の駿河国沼津に兵学校が設置される。石見国津和野《いわみつわの》藩士から幕臣に登用されていた西周が頭取《とうどり》を勤めた。

沼津兵学校は当初、軍事学校だったが、西の奔走により静岡学問所のような性格も合わせ持つようになる。教授陣には西や赤松をはじめ洋行経験のある藩士が同じく名を連ね、全国レベルでみても超一流の学校（藩校《はんこう》）だった。

**静岡藩は、静岡学問所と沼津兵学校を通じて、かつての旗本や御家人の子弟《してい》を〝優秀な藩士〟に育てあげることを目指**

した。身上が小さくなった徳川家の巻き返しの気持ちが秘められていたのである。

## ❖日本全国が注目した教育機関——政府に〝まるごと吸収〟される？

開成所の系譜を引く静岡学問所と沼津兵学校は、時代の最先端を行く教育機関として、全国から熱い視線が注がれる。沼津兵学校には諸藩から視察者が訪れるだけでなく、留学希望者も殺到《さっとう》する。

静岡学問所や沼津兵学校に象徴される静岡藩の優秀さに注目し、静岡藩士を招《しょう》聘《へい》する動きも盛んだった。静岡藩では諸藩の要請に応じ、英学や洋算《ようさん》、フランス式の調練《ちょうれん》を教授する者を派遣したが、そのなかには沼津兵学校の教員や学生もいた。

静岡藩から派遣された藩士は「御貸人《おかしにん》」と呼ばれた。明治四年（一八七一）八月時点で、その数は二百五十六人にも達する。

特にフランス式調練については、明治三年（一八七〇）十月に陸軍はフランス式、海軍はイギリス式に統一するようにという通達が政府から出されたこともあり、需要が大きかった。かつて幕府はフランス陸軍の士官を招き、隷下《れいか》の歩兵隊にフランス式調練を施《ほどこ》しており、フランス式調練となれば〝静岡藩が第一人者〟だったからである。

意外なところでは、薩摩藩からも派遣要請を受ける。維新後の薩摩藩は、静岡藩の小学校制度を模範とする教育改革を実施していた。**明治政府の中核である薩摩藩がモデルとするほど、静岡藩は〝時代の最先端〟を行く。**

こうして、静岡藩は全国から注目される存在となるが、注目したのは諸藩だけではない。政府も熱い視線を送った。彰義隊の戦いで名を上げた兵部大輔の大村益次郎も、沼津兵学校の視察に訪れたという。

しかし、政府から注目を浴《あ》びたことで、皮肉にも静岡学問所や沼津兵学校は終《しゅう》焉《えん》に向かう。これから述べていくように、教員たちが政府に次々と引き抜かれたからだ。ついには、頭取の西や津田まで政府への出仕を命じられる。

いわば、政府が〝まるごと吸収〟してしまった格好である。実際、**静岡藩は西が引き抜かれた後、沼津兵学校の「献《けん》納《のう》」を政府に願い出る。**優秀な教員を引

西周（国立国会図書館蔵）

き抜かれては、教育水準の維持は難しかった。

政府による静岡藩士の大量の引き抜きとは、幕臣に優秀な人材が揃《そろ》っていたことを政府自身が認めたものに他ならない。だが、静岡藩にとっては貴重な人材の流出であり、藩権力の弱体化は避けられなかったのである。

## ❖出仕の「仲介役」だった勝海舟――明治政府の〝土台〟は幕臣が支える

当時、政府からの出仕要請に応じることを「天朝御雇《てんちようおやとい》」と称した。静岡藩の場合、天朝御雇は明治元年（一八六八）からはじまっていた。

この年の十二月十二日、沼津兵学校の絵図方《えずかた》を勤めていた川上冬崖《かわかみとうがい》が出仕している。

川上は信濃《しなの》国松代《まつしろ》藩領の農民の家に生まれたが、江戸に出て幕臣川上家の養子となった。その画才が認められて蕃書調所に絵図調役として勤務し、西洋画の研究に没頭する。

同所に画学局《がくきよく》が設けられると後進の指導にあたったが、その時の弟子に洋画家の高橋由一《ゆいち》たちがいる。政府に出仕した川上は、開成所の後身である大学南校《なんこう》や陸

山岡鉄舟（国立国会図書館蔵）

勝海舟（国立国会図書館蔵）

軍士官学校で教鞭《きょうべん》をとった。

明治二年にも数名が出仕しているが、三年に入ってから、その数は激増する。

西や津田とはオランダの留学仲間で沼津兵学校では教授を勤めた赤松則良は、三月十三日に兵部省《ひょうぶ》に出仕した。後に、赤松は海軍中将にまで累進《るいしん》する。

赤松が兵部省に出仕するにあたっては、勝海舟《かつかいしゅう》の勧めがあった。政府出仕の話に迷っていた赤松の背中を海舟が押したのである。赤松に限らず、**政府による〝静岡藩士の引き抜き〟には海舟が深く関与した。**

当時、海舟は静岡藩で山岡鉄舟《やまおかてっしゅう》とともに幹事役《かんじやく》を勤めた。藩政には直接関与せず、その調整役である。合わせて政府との連絡役も勤めたため、引き抜きにもタッチした。

九月二十八日には、頭取の西が兵部省に出仕して少丞准席《しょうじょうじゅんせき》を拝命《はいめい》する。

八日前の同月二十日、「西を至急上京させるように」という政府からの命令が静岡藩に伝えられた。早速、西は上京し、東京にいた海舟のもとを訪ねたところ、兵部省への出仕を求められる。

兵部大輔の大村が死去した後、同省の実権を握ったのは長州藩出身の山県有朋《やまがたありとも》と山田顕義《あきよし》だった。山県と山田から誰か優秀な人材を推挙《すいきょ》して欲しいと依頼された海舟は、西を推薦しようと政府を介して静岡から呼び出したのである。

西は驚くが、海舟の推薦を受けての政府出仕の話には逆らえない。二十八日、兵部省出仕の辞令を受け取る。

以後、西は沼津兵学校から離れ、兵部省翻訳局に勤務する。その後も、兵部省から分離して誕生した陸軍省に籍《せき》を置き、明治十五年（一八八二）に告示された軍人勅諭《ちょくゆ》の起草に関わった。

静岡学問所の運営に当たっていた津田真道もこの時、政府に出仕した。出仕先は司法省である。新律綱領《しんりつこうりょう》の編纂など、法律整備に尽力した。

政府の要請によって官吏となる静岡藩士の数は増加していったが、廃藩置県で静岡藩が消滅すると、その流れは決定的なものとなる。

明治十年（一八七七）の数字によれば、政府官員《かんいん》五千二百十五人のうち、静岡・東京出身者は千七百五十五人にも及んだ。**静岡・東京出身者とは静岡藩士や母体となった幕臣を指すが、彼らが官吏の約三分の一を占めた**（樋口雄彦『旧幕臣の明治維新』吉川弘文館、二〇〇五年）。

ただし、勅任《ちょくにん》官や奏任《そうにん》官などの高級官僚は薩長《さっちょう》土肥《どひ》の四藩出身者が独占する。幕臣出身者は判任《はんにん》官など中級以下の官僚に限られたが、言い換えると、実務官僚層は〝幕府の遺産〟に大きく依存していた。明治政府の土台は、幕臣たちが支えていたのである。

## （二）渋沢栄一の引き抜き――官民を問わず発揮した「理財の才」

### ❖静岡藩の財政再建――商法会所を設立し〝莫大な利益〟をもたらす

渋沢栄一《しぶさわえいいち》と言えば日本の近代化を象徴する人物の一人だが、幕臣そして静岡藩士の時代があったことはあまり知られていない。

武州榛沢郡《ぶしゅうはんざわ》血洗島村《ちあらいじま》（現・埼玉県深谷市）の豪農の家に生まれた渋沢は、若い頃は攘夷運動に熱中し、外国人居留地のあった横浜の焼き討ちを計画したほどだった。その後、徳川御三卿《ごさんきょう》の一つ一橋《ひとつばし》徳川家との縁《えん》が生まれ、家臣として活躍する。

当時、一橋家の当主は慶喜だった。最後の将軍となる徳川慶喜その人である。**渋沢は、一橋家の殖産興業や財政改革などで手腕を発揮する。**既に実業家としての片鱗《へんりん》が窺《うかが》えるが、慶喜が将軍となると幕臣に転じた。

幕臣となった直後の慶応三年（一八六七）正月、渋沢は慶喜の弟・徳川昭武《あきたけ》の随《ずい》行員《こう》として、フランスに向かう。フランスで開催される万国博覧会に、昭武が日本

徳川昭武（国立国会図書館蔵）

渋沢栄一（写真：近現代PL/アフロ）

代表として派遣されることになり、その随行を命じられたのだ。

博覧会に出席した後、昭武一行は西欧諸国を視察した。視察終了後、昭武はパリで留学生活を開始する予定だった。渋沢も事務官としてパリに滞在することになっていたが、同年十月、大政奉還により幕府が消滅する。翌四年四月には、江戸城が開城となった。

本国の激変を受け、昭武一行は帰国の途《と》に就く。帰国した渋沢は慶喜の意思に従い、水戸藩主となった昭武のもとを離れて静岡藩士となった。勘定組頭として静岡藩の殖産興業に携《たずさ》わる。

静岡藩は身上をはるかに超える家臣を抱えて財政難に苦しんでいたが、渋沢は商《しょう》法会所《ほうかいしょ》の設立を建議《けんぎ》し、自ら頭取となる。**駿河・遠江二国の豪農商に拠出《きょしゅつ》させた資本と、政府からの拝借《はいしゃく》金を元手に〝商業活動〟を手広く展開し、藩財政を富ませようとはかった。**

明治二年一月に設立された商法会所は、日用品を大量に購入して藩内に販売する一方、藩の主要産物である茶や漆器などを藩外に販売した。商品を抵当として、金融活動にも手を広げる。一連の経済活動により、商法会所は八万六千両もの利益を上げた。明治の実業界を牽引《けんいん》することになる、渋沢ならではの手腕が発揮された格好だ。

いきおい、藩外からも注目される存在となるが、政府の目にも留《と》まったことで、渋沢の身に大きな変化が訪れる。この年の十月、静岡藩を介して政府への出仕を命じられたのである。

## ❖政府からの出仕命令――「それは慶喜に対する〝裏切り〟である！」

立ち上げられたばかりの明治政府は人材難に苦しんでいた。国政を担当したことのない薩摩・長州藩を母体としている以上、至極当然のことだった。

よって、政府は静岡藩から優秀な藩士を官吏として引き抜く。それまで国政を担当していた幕府が母体であり、諸藩のなかでも人材は圧倒的に豊富だ。**渋沢については、その〝理財《りざい》の才〟に白羽《しらは》の矢が立つ。**商法会所での実績が注目されたのである。

しかし、渋沢は政府への出仕を断固拒否する。商法会所の仕事が端緒《たんしょ》についたばかりであるのはもちろん、自分が慶喜の家臣であることに強くこだわっていた。あまり知られてはいないが、渋沢は慶喜に対する忠誠心が非常に強かった。実業家として大成し経済界の大物になると、その人脈をフルに活かして慶喜の名誉回復に奔走した。慶喜の資産を株に投資したり、銀行に預けて利殖《りしょく》をはかることで家計を支えている。物心《ぶっしん》両面で尽くし、その厚い信頼を得る。

徳川慶喜（国立国会図書館蔵）

だから、慶喜を〝朝敵《ちょうてき》〟に転落させた政府に出仕することなど、慶喜に対する裏切りと思ったに違いない。藩の方から出仕の話は断って欲しいと願い出るが、権大参

大久保一翁（国立国会図書館蔵）

事として静岡藩を取り仕切る大久保一翁《おおくぼいちおう》は、すぐさま上京するよう厳命する。

大久保に言わせると、藩からそんなことを申し出れば、政府の命に背《そむ》いてまで優秀な人材を提供しないのは、何か含むところがあるのではないかと疑われる。**徳川家は捲土重来《けんどちょうらい》、要するに再登板を期していると勘《かん》ぐられる。**静岡藩が渋沢の出仕を拒《こば》むのは、そうした秘めた思いの表れと受け取られるのを懸念《けねん》したのだ。

当時、政府は「徳川家には二心《にしん》あり」と疑っていたらしい。幕府を倒した政府側からみれば、幕府が母体の静岡藩の動向に警戒心を持つのは当然のことである。

実際、政府に敵愾《てきがい》心を持つ幕臣は大勢いた。幕臣の大半が無禄でも静岡藩士であることを望んだのは、その何よりの証拠だ。政権交代から一年も経過していない段階では、なおさらだった。

あくまでも出仕を拒めば、結局のところ藩主・徳川家達に迷惑が掛かる。止むなく、渋沢は上京を承諾する。

しかし、大久保からの厳命にも拘らず、出仕はあくまでも拒否する考えだった。その意思を直接政府に伝え、静岡に戻ろうと考えていた。

渋沢は自分がはじめた商法会所の事業に、我が身を捧《ささ》げる覚悟であった。自分と政府の板挟《いたばさ》みになっていた静岡藩の立場を考慮し、政府からの上京命令に表面上、従ったに過ぎなかった。

東京に着いたのは十二月の初めである。**太政官に出頭したところ、租税正《そぜいのかみ》に任命された。現在で言えば、国税庁長官のような重職だ。**

だが、政府に仕える気のない渋沢は、直ちに辞職して静岡に戻ろうとする。辞意を直接伝えるため、大蔵省の事実上のトップだった大蔵大輔《おおくらたいふ》・大隈重信の屋敷に向かったが、大隈との出会いは渋沢をして思いも寄らない道を歩ませる。

## ❖大隈重信に「泣き所」を突かれる――慶喜の〝反政府活動〟の一環か？

この頃、大隈は築地に住んでいた。もともとは旗本屋敷だった「築地の梁山泊」である。大蔵省に出仕するよう繰り返し求めた大隈に対し、渋沢は次のとおり持論を展開する。

自分は最初、尊王倒幕論者《そんのうとうばくろんしゃ》だったが、図らずも一橋家に仕官して慶喜に重用された。徳川家譜代《ふだい》の臣ではないものの、慶喜の恩寵《おんちょう》を蒙《こうむ》った者である以上、自分の身は慶喜に捧げたのである。

今さら、そうした志《こころざし》を翻《ひるがえ》して政府に仕えることなどできない。自分は静岡の地で殖産興業に一身を捧げる覚悟だ。大蔵省の仕事については何の経験もないため、たとえ出仕しても期待に沿《そ》うことができない。

渋沢の立場から言うと、慶喜を政権の座から引きずりおろすことで成立した政府に仕えることなど、先にも指摘したとおり**慶喜に対する〝裏切り〟**である。頑《がん》として出仕を拒否したが、それで引き下がる大隈ではなかった。渋沢の泣き所である慶喜を持ち出してきた。晩年、渋沢はこの時のやり取りを以下のように回顧している。

君の慶喜公の恩に報《むく》いるといふ事は誠に結構な事であるが、今、明治政府に仕へる事を固辞《こじ》するのは啻《ただ》に君の為《た》めに惜《おし》むのみならず、却《かえ》つて慶喜公《けいきこう》の為めにも甚《はなは》だ面白くない事と思はれる。何故ならば君が仕官を承諾《しょうだく》せぬ事になると、慶喜公が人材を惜んで明治政府の意思《いし》を拒んだといふ事になる。慶喜公の御本心はさうでないとしても、之《こ》れが為め却つて誤解《ごかい》を招き、御迷惑《ごめいわく》を掛けるやうな虞《おそ》れがないでもなからうか（『青淵《せいえん》回顧録』上巻、青淵回顧録刊行会、一九二七年。ルビを補足〈以下同じ〉）

あくまでも渋沢が慶喜に義理立てして出仕を断ると、どういうことになるのか。世間では、慶喜が渋沢を引き留めていると勘ぐるのではないか？

当初、渋沢は静岡藩を通して政府からの出仕要請を断るつもりだった。ところが、権大参事の大久保一翁は、それでは**「静岡藩に逆意《ぎゃくい》あり」**と疑われるとして出頭するよう厳命してきた。政府の命に背いてまで優秀な人材を提供しないのは、静岡藩つまり徳川家が政権奪取を企《くわだ》てているからだ、と勘ぐられるのを恐れたからである。

大隈重信（国立国会図書館蔵）

そうした政府の疑念は、いきおい慶喜に向けられる。**前政権のトップであった以上、慶喜にその意思がなくても「反政府の頭目《とうもく》」**

として見做《みな》されてしまうのは避けられない。

先述の大久保と同様に、大隈はそのような慶喜の立場を充分に見透《みす》かした上で、渋沢が慶喜に義理立てして出仕を固辞すると、世間はどう思うのかと突いてきた。慶喜による「反政府活動の一環」と誤解されても仕方ないのではないかと攻め立てたのである。

## ❖「八百万の神となれ」――誰もが〝無経験〟からの国造りである

渋沢の泣き所を突いた後、大隈は一転して別の話題を持ち出す。

現在《げんざい》の政府当局は、総てを新しく建直《たてなお》して居るのである。総ての旧套《きゅうとう》を脱して悉《ことごと》く新しく生み出さなければならぬ時代であるから、一人でも多くの人材を必要《ひつよう》とするのである。君は大蔵省の仕事に対しては何等《なんら》の経験《けいけん》も無いといふが、其点《そのてん》に就《つ》いては、此の大隈にしても全然無経験《ぜんぜんむけいけん》であり、伊藤少輔《しょうゆう》とても同様である。今日の状態《じょうたい》を例へて言へば、我国の神代時代《かみよじだい》に八百万《やおよろず》の神々が集《つど》うて御相談をせられ諸々《もろもろ》の施設《しせつ》をされたと同様な訳で、衆智《しゅうち》を集めて新しい政治を行はうとする場合なのである。

当時の政府は、まったくゼロからのスタートである。

政権交代が実現し、薩摩・長州藩など諸藩の藩士たちが幕臣に代って政府の役人となったものの、**国政を担当した経験など誰もない**。佐賀藩士から大蔵大輔に転じた大隈にしても、長州藩士から大蔵少輔に転じた伊藤博文にしても、そうした事情は同じであるとして、大蔵省での仕事の経験がないから出仕は断るとした渋沢の主張を論破《ろんぱ》してしまう。

大隈は、自分たちを「八百万の神」に例えている。神代の時代、八百万の神は高《たか》天原《まがはら》に集まって国造りを相談したと伝えられるが、**藩士から政府の官吏となった者はみな八百万の神々――。静岡藩士の渋沢も、その一人になって欲しい**と説《と》いたのだ。

さらに再び慶喜の名前を持ち出して、渋沢が出仕を固辞できないよう仕向ける。

静岡藩から役に立つ人間が中央政府《ちゅうおうせいふ》に入つたといふ事になれば慶喜公も肩身《かたみ》が広い訳だし、間接には慶喜公が国民の為めに尽《つく》された事にもなり、多年君が抱《いだ》いて居つた意見をも実際の上に行はれ得る、此点をよく考《かんが》へなければならぬ。又《また》慶喜公の立場《たちば》として考へて見ても、君を政府に推挙《すいきょ》する事は或《あ》る意味に於《お》いて誠意を披瀝《ひれき》する事になるから、君が政府に仕へる事は、取りも直さず慶喜公に対しても忠義の道を果《はた》す事が出来るといふものである。真に慶喜公を思ひ且《か》つ国家《こっか》を思ふならば我意《がい》を通す事を止めて明治政府に仕へるやうにしなければならぬ、それが本当の紳士《しんし》の道ではなからうか。

渋沢が政府に出仕すれば、有用《ゆうよう》の士の出仕を妨害しているのではと慶喜もあらぬ疑いを掛けられることはなく、肩身の狭い思いをしなくて済む。政府に逆意なしという心底《しんてい》を披瀝できる。我意を捨て、進んで政府に出仕することこそ慶喜への忠義につながるのだという〝殺し文句〟を大隈は並べ立てた。

そして、とどめを刺《さ》すように、今の立場から殖産興業を成し遂げると言っても無理である。貨幣《かへい》、租税、運輸の制度などが確立されていないからだ。まずは政府に出仕し、そうした**一連の諸制度を確立するのが、渋沢の心願《しんがん》である殖産興業にとっては焦眉《しょうび》の急ではないか**として、大蔵省に出仕するよう重ねて求めた。

ついに、渋沢は大隈の説得に折れる。大蔵省への出仕を承諾した。

## 今度は自分が「引き抜く側」へ——〝財政整理〟で薩長の反発を買う

その後、渋沢は大蔵省の仕事に情熱を傾けていくが、組織が立ち上げられたばかりで、さらに事業も拡大していた省内は日々の仕事にただ追われていた。これでは貨幣、租税、運輸といった諸制度改正に取り組むことなど、到底無理だった。殖産興業は実現できない。

よって、省内に改正事務を専務《せんむ》とする局を立ち上げて有為《ゆうい》の人材を集め、諸般《しょはん》の制度を調査研究させて改正に当たらせたいと大隈に進言する。その賛同を得た渋沢は、改正局の主任のような立場で制度改正に当たった。

渋沢の推挙により、大蔵省出仕となった静岡藩士も改正局に加えられた。**大隈に引き抜かれた渋沢が、今度は自分が引き抜いた格好である。**

この時、引き抜いた静岡藩士に前島密《ひそか》がいる。「日本郵便制度の父」として有名な前島は元幕臣であり、維新後に静岡藩士へ転じていた。

渋沢が提起して新設された改正局が関与した事業は広範囲にわたった。というよりも、**大蔵省が推進した近代化政策の大半は改正局から生まれた。**大蔵省の近代化

井上馨（国立国会図書館蔵）

政策としては、新橋・横浜間の鉄道建設、租税や度量衡《どりょうこう》の改正、貨幣制度の調査などが挙げられる。前島による郵便制度の創設もその一つである。

明治五年（一八七二）二月、渋沢は大蔵少輔事務取扱《とりあつかい》を命じられる。大蔵省を取り仕切っていた大輔の井上馨《かおる》を補佐する立場に就き、事実上の次官となった。

以後、井上・渋沢のコンビが大蔵省を切り盛りするが、当時予算配分をめぐって他省との関係は悪化の一途を辿っていた。井上と渋沢は〝財政整理〟という目的のもと、各省からの予算要求に大鉈《おおなた》を振るったため軋轢《あつれき》が避けられなかったのだ。その対立は抜き差しならないものになり、政治問題化していく。

ここに至り、政府は大蔵省と各省の間で勃発《ぼっぱつ》した予算紛議《ふんぎ》を審議することになる。その結果、各省からの予算増額要求を認めないとする大蔵省の具申《ぐしん》は却下された。この決定に憤激《ふんげき》した井上は辞意を表明し、大蔵省を去る。

渋沢も井上に殉《じゅん》じる形で大蔵省を去った。明治六年（一八七三）五月のことである。

下野《げや》した渋沢は、在野の立場から経済面の近代化を実践していく。そして数多くの企業の設立に関与した。実業家・渋沢栄一の歩みがはじまる。

## (三)維新後の八丁堀の旦那たち――「つなぎ役」を果たした後は？

### ❖江戸町奉行所の〝無血開城〟――「立つ鳥、跡を濁さず」で感嘆

徳川家の駿河移封が公表された頃に話はさかのぼる。

慶応四年四月十一日、江戸城は〝無血《むけつ》開城〟という形で徳川家から新政府に引き渡されたが、江戸を名実ともに掌握《しょうあく》したのは、五月十五日に彰義隊の戦いという形で徳川家内部の「抵抗勢力」を武力鎮圧《ちんあつ》した後のことである。

南町奉行所跡の石碑（東京都・有楽町駅前）

軍事力を徳川家に見せつけた新政府は、幕府の施設を次々と接収していく。江戸町奉行所も例外ではなかった。

二十日、南北両町奉行（佐久間信義《さくまのぶよし》・石川利政《としまさ》）は奉行職を免《めん》ぜられた。翌二十一日には、南町奉行所与力の佐久間長《おさ》敬《ひろ》、北町奉行所与力の秋山久蔵《あきやまきゅうぞう》・吉田駒次郎《こまじろう》が町奉行所引き渡しの担当を命じられ、同日夜、佐久間宅に南町奉行所の与力・同心、秋山宅に北町奉行所の与力・同心が集められる。

江戸町奉行所引き渡しの日は、翌々日の二十三日となった。前日の二十二日、与力・同心たちは翌日の引き渡しに備え、記録類などの整理をおこなっている。

引き渡し当日の五月二十三日の朝が明けた。

午前十時、新政府軍から派遣された佐賀藩士の江藤新平《えとうしんぺい》たちを出迎えた元町奉行の佐久間信義は、引き渡しの事務を担当する佐久間たち与力を紹介し、町奉行所を去る。引き続き、佐久間たちは与力・同心の名簿のほか、引き渡す記録類の目録《もくろく》、そして金銀などの引き渡しの儀式に入った。引き渡しは粛粛《しゆくしゆく》と進行していった。**「立つ鳥、跡を濁《にご》さず」ではないが、記録類はきちんと整理され、掃除も行き届いていた。**江戸に入るまで東海道筋《すじ》の城や役所をいくつも受け取ってきたが、これほど行き届いた事例はないという感想を江藤たちは持ったようだ（佐久間長敬『江戸町奉行事蹟《じせき》問答』人物往来社、一九六七年）。

引き渡しの儀式が終了すると、江藤たちは与力・同心に次のように申し渡して南町奉行所を後にする。記録類はそのまま預けるので、これまでどおり勤務するように。北町奉行所でも同様の引き渡しの儀式が執りおこなわれた。

**ここに、江戸町奉行所も〝無血開城〟となる。**

## ❖「東京市政」の現場を担ったのは？――町奉行所の与力・同心たちだった

翌五月二十四日、徳川家の駿河移封が公表されたが、同じ日の午前八時、前章でも登場した土佐藩士の土方久元が、南町奉行所改め「市政《しせい》南裁判所」に姿を現《あらわ》す。同藩士の小笠原唯八《おがさわらただはち》とともに、町奉行職に相当する同所判事に任命されたからだ。「市政北裁判所」（旧・北町奉行所）の判事には、新田三郎と西尾為忠《ためただ》の二人が任命される。

**与力たちの前に姿を現した土方は、与力・同心の助けがなければ江戸市政の大任を全《まっと》うできないとして、その協力を求める。**

数年前より尊攘派の志士として国事に奔走していた土方ではあったが、行政面に関しては全くの素人《しろうと》だった。いきなり江戸の市政を預かる立場に立たされても、どうしたら良いのか全く分からない。何としても、市政に精通した与力・同心の力を借りなければならなかった。

両町奉行には各々《おのおの》、与力が二十五騎《き》、同心が百人ずつ付属していた（延享二年〈一七四五〉に、同心が二十人ずつ増員される）。与力・同心は都市行政の各部門を担当したが、町奉行と違い世襲《せしゅう》であり、奉行所の職務に精通する専門職だった。

そのため、町奉行としては都市行政に練達《れんたつ》している与力・同心をうまく使いこなせないと、職責は果たせなかった。町奉行職に相当する市政裁判所判事に任命された土方は、その辺りの機微《きび》をよく弁《わきま》えていたのである。

町奉行所引き渡し当日の二十三日、新政府は与力・同心たちに対し、俸禄《ほうろく》や扶持《ふち》米《まい》はこれまでのとおりと申し渡す。現在の給与は保証するので、引き続き市政裁判所で勤務するよう求めていた。

**町奉行所を引き渡した後、与力・同心たちは主君たる徳川家の指図《さしず》のもと、各々の判断に基づき町奉行所を去る覚悟**だったが、新政府としては与力・同心に去られると非常に困る。業務が停滞し、市政の混乱が起きるのは必至だ。これまでの給与は保証するので、そのまま勤務して欲しいと求めたわけである。

だが、与力・同心側にしてみると、そのまま新政府の下で勤務を続けることには抵抗があった。たとえ生活が保障されても、そのまま新政府に仕える気持ちにはなれない。

与力・同心にしても、同じ幕臣（御家人）である。徳川家が静岡に移封されるならば、家臣としては新領地静岡に移住する選択を取るのが普通だろう。実際、生活の保障がなくても静岡への移住を望む幕臣の数が圧倒的だったことは、既にみたとおりである。

しかし、新政府は俸禄を受け取るよう説諭を重ねた。その結果、与力・同心の大半は要請を受け入れ、町奉行所時代と同様の勤務を市政裁判所で続けることになる。

同二十八日、新政府はその旨を江戸の町に触《ふ》れ、市政の停滞はかろうじて回避される。

七月十七日、江戸は東京と改められ東京府が置かれる。初代府知事には烏丸光徳が就任した。市政裁判所を預かっていた土方と西尾は判府事となり、同所は廃止される。**東京府が〝町奉行所〟の機能を吸収した**のである。

八月十八日、大和郡山藩・柳沢家の上屋敷内に東京府庁が開庁する。九月二日には与力・同心の名称が廃止され、頭取・調役などに変更されたが、勤務内容に変わりはなかった。

## ❖一八〇度の転換――キリスト教に入信し、英語塾を開いた「町与力」

町奉行所の与力・同心は、東京府の役人として勤務を続けたが、その後、彼らはどうなったのか?

町奉行所引き渡しの事務を担当した与力の佐久間長敬は、引き続き市政裁判所や東京府に勤務したが、やがて東京府を去る。**「つなぎ役」としての期間が終了した**ということなのだろう。同じ道を辿る与力・同心たちも多かった。

もちろん、すべての与力・同心が切り捨てられたのではない。引き続き東京府の役人や、新政府の他部署の役人に抜擢される事例も少なくなかった。

佐久間は大蔵省や工部省《こうぶ》、司法省の役人に任用される。足柄《あしがら》裁判所長など、実際の裁判事務にもあたった。昔取った杵柄《きねづか》といったところだ。明治六年（一八七三）十二月まで勤めている。

さて、佐久間より十四歳年下の弟に原胤昭《はらたねあき》という人物がいる。同じ与力の原家に養子に入り、慶応二年（一八六六）より与力として出仕する。この時、まだ十四歳の若さであった。

二年後の慶応四年、原も与力として町奉行所の終焉に立ち会う。引き続き、市政裁判所や東京府で記録方や書記を勤めたが、明治二年（一八六九）には辞めてしまう。

兄の佐久間は政府官吏に登用されたが、原は兄とは違う道を歩む。同四年（一八七二）、**日本人やアメリカ人教師を自宅に招き、英学所《えいがく》つまり英学塾を開設する。**生徒は与力・同心の子弟だった。

つなぎ役として任用されたものの、その役割が終われば「八丁堀《はっちょうぼり》の旦那《だんな》」たちは職を失う。原もその一人だ。自活《じかつ》の道を探っていかなければならない。

当時は、文明開化つまり西洋化の時流を受けて英語が注目され、英語塾に通うことがブームとなっていた。その流れに乗ろうと、原は自ら英語塾を開いたのである。

七年（一八七四）には、キリスト教に入信する。アメリカ人宣教師《せんきょうし》のカロゾロスが経営する英学校築地大学に学んだことが縁となり、カロゾロスから洗礼を受けた。

その後、銀座に東京第一長老《ちょうろう》教会独立銀座教会を創立し、布教活動を開始する。**与力時代は〝禁教《きんきょう》〟とされたキリスト教を取り締まる立場だったことを踏《ふ》まえれば、まさしく一八〇度の転換に他ならない。**

九年（一八七六）には、銀座に「原女学校」と呼ばれた女学校を設立する。ミッションスクールだ。なお七年（一八七四）には、十字屋《じゆうじや》という英書の販売店も銀座で創業しており、キリスト教関係の書籍を扱いはじめた。後の十字屋楽器店である。

## ❖警視庁からは〝危険人物〟扱い？——八丁堀の旦那の「人生の転機」

キリスト教に入信した原は布教活動を展開する一方で、学校や書店経営にも乗り出したが、その道のりは険《けわ》しかった。

大道《だいどう》の説教で石を投げつけられたり、本屋へ汚物《おぶつ》を投げ込まれたりするのは毎度のことだったという。キリスト教の布教が自由になったとはいえ、原にとり三百年近く禁教の時代が続いた歴史は重かった。迫害《はくがい》されていたのである。

さらに、**警視庁からも〝危険人物〟扱いされてしまう。攻守《こうしゅ》所を変える**といったところだ。開業した「十字屋」という本屋の名称にしても、十字架《じゅうじか》を連想させるものとして当局から危険視される。

明治十五年（一八八二）には、原は神田三崎町《みさきちょう》で天福《てんぷく》堂という錦絵《にしきえ》の問屋を開業し、クリスマスカードやカレンダーなどを売り出す。翌十六年（一八八三）には錦絵「天福六家撰《ろっかせん》」を刊行するが、この作品が政府当局から目を付けられる。

後年、原は次のように回顧する。

私は神田須田町《すだちょう》の今の三好野《みよしの》総本店のあるところで錦絵の問屋をやった。河《こう》野広中《のひろなか》氏外《ほか》六名が福島事件で獄《ごく》に入った時に、私のところで出した錦絵が「天福六家撰」。政府顚覆《てんぷく》を天福ともじって一味の田母野秀顕《たぼのひであき》、花香恭次郎《はなかきょうじろう》、平島松尾《ひらしままつお》と三枚出したら、その絵に犯罪人をほめたような文句があるというのでぴしゃりと発売禁止の命令です（『戊辰物語』岩波書店、一九八三年。ルビを補足〈以下同じ〉）

河野広中（国立国会図書館蔵）

前年の十五年に**自由民権《みんけん》運動への弾圧**として知られる福島事件が起き、河野広中たち自由党員が捕縛《ほばく》された。原は福島事件を題材として「天福六家撰」を刊行したが、捕縛された者を賞賛する文言《もんごん》があると当局からクレームが入り、発売禁止の処分が下《くだ》る。

ところが、原は無料で配布するのならば罪には問われないだろうと考え、発禁処分を受けた「天福六家撰」を街中で配ってしまう。摘発《てきはつ》した政府にしてみれば、当局を挑発する行為に他ならない。

早速、新聞紙条例違反という名目で原を検挙する。そして、罰金と禁錮《きんこ》三ヶ月の判決が下り、原は石川島《いしかわじま》の監獄に投獄された。

発売なら悪かろうが無料なら良いんだろうと楯《たて》をついて、今の広瀬《ひろせ》中佐の銅像のある辺りへ四斗樽《だる》をもち出してこの上へ私が乗り、禁止の絵を通行人にくれて

隅田川に面した石川島灯台（人足寄場跡）

やる。大変な人気でしたが、そのため私はますます睨《にら》まれて、罰金三十円禁錮三カ月のうき目を見る事となった。十月一日の下獄《げごく》、四角な材木で取り囲んだ寒風《かんぷう》吹きさらしの石川島の監獄、百人二百人とひとかたまりで打ち込まれている。囚人《しゅうじん》は、からだとからだをすりつけてわずかに凍死を免れるという有様、私は獄中で今でいうチブスにかかって、死体室へ投《ほう》り込まれ、気がついて見ると死人と一緒に積み上げられているという次第なのです。そりゃひどいものでした。

　江戸の頃、石川島には人足寄場《にんそくよせば》という職業訓練所が置かれていた。火付盗賊《ひつけとうぞく》改《あらため》の長谷川平蔵《はせがわへいぞう》が創設した施設だ。奇しくも、原は与力時代に人足寄場の見廻《みまわ》り役を勤めたことがあった。明治に入ると石川島には監獄が置かれるが、獄内は寒風にさらされるという劣悪な環境だった。石川島は隅田《すみだ》川が東京湾に流れ込む河口にあたるため、海風《うみかぜ》も吹き込んでいたのだろう。

原は収容された監獄でチフスに罹《かか》り、生死の境をさまようが、この経験が原の後半生を決定づける。**原は出獄《しゅつごく》人の保護に一生を捧げた**ことで知られた人物だが、この時の経験が大きな動機となっている。

**歴史教科書では決して描かれることのない、維新後の八丁堀の旦那の姿であった。**

# 第三章

# 繰り返される「薩摩藩vs.長州藩」の暗闘

## ――他藩の巻き返し

## （二）薩摩・長州藩「再びの抗争」――嫉妬と不信感、対抗意識

### ❖幕末維新史は〝薩長の抗争史〟である――伊藤博文が編纂に反対

明治も半ばに入っていた頃の話である。

政府内で「幕末維新史」を編纂する話が持ちあがった。維新を成し遂げた薩摩・長州両藩を顕彰《けんしょう》するためである。主に両藩出身者から構成される政府首脳の面々は、おしなべて賛意を示した。

ところが、初代内閣総理大臣を勤めた伊藤博文（長州藩出身）のみが反対する。伊藤はその理由を次のとおり述べる。

**幕末維新史とは薩摩・長州両藩の〝抗争《こうそう》の歴史〟でもある。**そんな過去を明らかにしてしまうと、両藩出身者が提携して政権を支える今の政治的な枠組みにヒビが入るのではないか。**伊藤は両藩の関係に亀裂《きれつ》が入るのを恐れ、今はその時期ではないと反対した。**一言でいうと、「寝た子を起こすな」というわけである。

いみじくも伊藤が指摘したとおり、両藩には政局の主導権をめぐり激しく争った歴史があった。

ペリー来航に象徴される外圧の高まりにより、挙国《きょこく》一致を目論む幕府はそれまで幕政（国政）から排除してきた外様《とざま》大名の政治参加を容認しはじめるが、そこで先陣を切ろうとしていたのが薩摩藩・島津家だった。

時の藩主は英主《えいしゅ》として名高い島津斉彬《なりあきら》だが、斉彬は志半ばで死去する。安政五年（一八五八）七月のことである。

その後、長州藩・毛利家が「航海遠略策《えんりゃくさく》」という開国策をもって、通商条約の破棄と攘夷の実行つまり〝破約《はやく》攘夷〟を求める朝廷を説得したいと幕府に願い出て、その許諾を得る。幕府と朝廷の間を周旋《しゅうせん》するという名目で、長州藩は国政進出を実現してしまう。

伊藤博文（国立国会図書館蔵）

先を越された形の薩摩藩は、文久二年（一八六二）四月に斉彬の異母弟・島津久光が藩兵を率《ひき》いて京都に入り、朝廷の命《めい》に応じて京都の鎮《ちん》撫《ぶ》に尽力する。そのためには、藩士を上《じょう》意《い》討《う》

島津久光（国立国会図書館蔵）

ちすることも厭《いと》わなかった。寺田屋《てらだや》事件である。

朝廷の信任を得ることに成功した薩摩藩は、その権威を後ろ盾《だて》に徳川一門の一橋（徳川）慶喜と松平春嶽《まつだいらしゅんがく》を幕閣《ばっかく》に送り込み、両名を介して幕政への進出を目指す。ところがその頃、長州藩は藩論を航海遠略策から破約攘夷論に一八〇度転換させ、薩摩藩に代って朝廷の信任を得ることに成功していた。ちょうど、久光が幕政進出を目指して江戸に向かい、京都を留守にしていた時である。

その後も**長州藩による政治工作のため、薩摩藩は京都（朝廷）での足場を失いかける**が、京都守護《しゅご》の任《にん》にあたる会津藩と手を結ぶことで、長州藩そして破約攘夷を強く主張する公家の三条実美たちを朝廷から追放した。文久三年（一八六三）八月十八日の政変《せいへん》として知られる事件である。

京都から追われた長州藩は巻き返しをはかり、藩兵を京都に向かわせた。御所近くにまで迫ったが、薩摩藩の反撃を受けて敗北を喫《きっ》し、指揮官だった長州藩士・久坂玄瑞《さかげんずい》たちは自決する。元治元年（一八六四）七月の禁門《きんもん》の変だ。

そして、長州藩は御所に発砲した廉《かど》をもって朝敵とみなされ、幕府や薩摩藩などから構成される征長《せいちょう》軍が組織された。第一次長州征伐《せいばつ》のはじまりである。

**絶体絶命の窮地《きゅうち》に追い込まれた長州藩**だったが、征長軍参謀・西郷隆盛の説得に応じ、禁門の変の責任者として三家老四参謀の首級《しゅきゅう》を差し出すことで征長軍は解兵《かいへい》となる。かろうじて、長州藩は滅亡の危機を脱することができた。

まさに、両藩の抗争を軸《じく》に幕末維新史は展開していた。

## ❖新政府内の主導権争い――「寛刑」の薩摩藩vs.「厳刑」の長州藩

長らく敵対関係にあった両藩だが、第一次長州征伐後は提携の道を歩む。

慶応二年（一八六六）一月、薩摩藩代表の西郷と長州藩代表の桂小五郎《かつらこごろう》（木戸孝允）が六箇条の盟約《めいやく》を結んだ。世に言う「薩長同盟」である。

薩摩藩はこの盟約で、その政治的復権のため尽力することを長州藩に約束した。要するに、〝朝敵〟という賊名《ぞくめい》が取り除かれるよう朝廷工作をおこなうというわけだが、政治工作だけでは無理の場合は、長州藩復権を阻《はば》む慶喜や会津藩との武力対決も辞《じ》さないと約していた。

その後の第二次長州征伐は、薩摩藩が征長軍に参加しなかったことも一因となり、事実上長州藩の勝利に終わる。しかし、その復権工作は将軍の座に就いた慶喜の抵抗に遭い頓挫《とんざ》する。

薩摩藩代表の西郷は、長州藩や広島藩との軍事同盟（上方《かみがた》共同出兵）により、慶喜の打倒つまり討幕を目指した。三藩の軍事力を京都に集結させようと目論むが、薩摩藩内では長州藩に対する反感が消えていなかった。共同出兵への反対論が噴《ふ》き出て上方出兵が遅れたため、今度は長州藩が薩摩藩に不信感を抱き、出兵の中止を決めてしまう。慶応三年（一八六七）十月三日のことである。

そもそも長州藩内では、出兵自体が危険な賭《か》けであるとして慎重な意見が多かった。彰義隊の戦いで名を上げる大村益次郎も慎重派だった。禁門の変の轍《てつ》を踏みかねない。

**両藩の足並みはなかなか揃わなかった。互いの不信感を拭《ぬぐ》い去ることは難しかったのだ。**

同月十四日に慶喜が大政を奉還して幕府を消滅させたことで、朝廷のもとに新政府が樹立される運びとなる。三藩の共同出兵計画も復活し、薩摩藩は軍事力を京都に集中させることで朝廷にプレッシャーを掛け、長州藩の復権を勝ち取ることに成功する。慶喜を排除した形で新政府も樹立できた。同年十二月九日に断行された王政復古のクーデターである。

それから一ヶ月を経ずして、薩摩・長州藩は倍以上の兵数を誇る徳川勢と京都南《なん》郊《こう》の鳥羽・伏見で激突する。慶応四年（一八六八）正月三日に開戦となった鳥羽・伏見の戦いだ。

薩摩藩の兵数は二千八百人強。長州藩はその半分にも満たない千人だった。対する徳川勢は一万人を超えたが、長州藩としては敗北した場合に備え、京都に送った兵数をわざと減らしたと言えなくもない。藩内では出兵反対論も強かったわけだが、ここでも両藩の足並みの悪さが透《す》けてくる。

鳥羽・伏見の戦いは、徳川勢が薩摩・長州藩を甘く見たことに加え、指揮が混乱して統制が取れなかったことで、両藩の勝利に終わる。今度は慶喜が朝敵に転落した。

慶喜追討を呼号《こごう》する西郷率いる東征《とうせい》軍は江戸に向かい、江戸城総攻撃を企図したが、その前日にあたる三月十四日、西郷が徳川家代表の勝海舟に大きく譲歩して総攻撃を中止してしまう。四月十一日、江戸城は新政府に引き渡された。

木戸孝允（国立国会図書館蔵）

この後も、西郷は徳川家処分を寛大なものにするよう主張したが、長州藩代表の木戸はこれに強く反発する。概《がい》して**長州藩には「厳刑《げんけい》」を主張する傾向が見られたが、「寛刑《かんけい》」を主張する傾向が強かった薩摩藩への〝対抗意識〟があった**ことは否《いな》めない。

薩摩藩の尽力により長州藩の復権が実現した経緯《けいい》があり、新政府はどうしても薩摩藩主導で動かされる場面が少なくなかった。長州藩としても薩摩藩には遠慮せざるを得なかったが、藩内ではこれに反発する動きが収まらなかった。薩摩藩と抗争してきた経緯もさることながら、**薩摩藩が長州藩ほどの犠牲《ぎせい》を払わずして、維新の勝者になったことへの〝嫉妬《しっと》〟があったのかもしれない。**

戊辰戦争でも、長州藩は薩摩藩と比較すると出兵に消極的だった。新政府に出仕していた藩士への反発も強かった。その代表格である木戸などは藩内の反発を慮《おもんぱか》り、新政府に何度か辞表を提出したほどだった。

当時、京都にいた木戸が徳川家に対する寛大な処分に反対し、西郷に代って軍事指揮権を掌握した大村益次郎が江戸で彰義隊の武力鎮圧を断行したのも、**新政府が薩摩藩に主導されている〝現状への反発〟が底流にあった。**

木戸たちは薩摩藩への強い対抗意識から、徳川家処分問題では強硬論を唱え、新政府内で主導権を発揮しようと目論んだのである。

## ❖一足飛びに「廃藩置県」を主張した長州藩――大久保と木戸が激論

戊辰戦争も箱館《はこだて》五《ご》稜郭《りょうかく》で抗戦し続ける榎本武揚の討伐を残すのみになった明治二年（一八六九）一月十四日、京都で薩摩・長州・土佐三藩による会合が持たれた。

広沢真臣（国立国会図書館蔵）

薩摩藩からは大久保利通、長州藩からは木戸の同志である広沢真臣、土佐藩からは板垣退助《いたがきたいすけ》が出席し、各藩主連名で「土地・人民を朝廷に返上する」旨の建白《けんぱく》書を提出することに合意した。その後、佐賀藩も建白書提出に合意する。

板垣退助（国立国会図書館蔵）

同二十日、薩摩・長州・土佐・佐賀四藩から、土地・人民を返上する旨の建白書すなわち版籍《はんせき》奉還の上表《じょうひょう》が朝廷に提出された。その趣旨は次のとおりである。

王政復古により、天皇が万機《ばんき》を親裁する体制となった。その体制を確立するには、すべての土地と人民を天皇の所有にしなければならない。よって、土地と人民の奉還を願い出るので、改めて諸藩の領地を改定《かいてい》していただきたい。そうすれば、すべてが天皇のもとに統一され、諸外国と対等に肩を並べることができる。

明治維新の原動力となった四藩が、土地と人民の奉還を願い出たことが呼び水となり、諸藩は版籍奉還の上表を続々と提出する。六月十七日、政府は諸藩の奉還願《ねがい》を受領し、そのまま藩主を知藩事《ちはんじ》に任命した。

版籍奉還とは、諸大名が領地と領民を天皇に自ら返上するものである。一見、大名側にメリットはなかったが、**戊辰戦争を通じて藩主の威信が著しく低下するという〝深刻な事情〟が大名をして奉還願に走らせる。**

戊辰戦争では、戦場で陣頭指揮を執った藩主は一人もいなかった。藩主なしで藩士たちが戦い抜いたことで、もはや軍事統率者としての藩主の存在意義は失われていた。

さらに、刀槍《とうそう》ではなく最新式の銃砲《じゅうほう》を通じての集団戦闘によって、それまでの身分や家格に基づく家臣団編成も意味を失う。藩主をトップとする藩の身分秩序は崩れていった。

よって**藩主としては、天皇から改めて藩主としての〝身分を保証〟してもらうことにより、自己の威信を回復して家臣団の引き締めをはかろうとした**のである。

版籍奉還を通じて、諸大名は土地と人民の支配を天皇から認められたが、領主《りょうしゅ》権自体は取り上げられてしまう。知藩事は藩主とは異なり、世襲《せしゅう》を否定されていたからだ。政府から任命された「地方長官」という扱いであり、政府が知藩事の人事権を握る。

しかし政府内では直前まで、薩摩藩代表の大久保と長州藩代表の木戸の間で意見が対立していた。

大久保が諸藩の反発を懸念して藩主をそのまま知藩事に任命することを主張したのに対し、木戸はそれに反対の立場だった。「名称を変えただけに過ぎない」として、**諸藩の反発を顧慮《こりょ》することなく、封建《ほうけん》制から郡県《ぐんけん》制つまり廃藩置県への移行を主張する。**

結局、大久保と木戸の意見を折衷《せっちゅう》したような形で、藩主はそのまま知藩事に任命されたものの、世襲は否定されて政府任命の地方長官の扱いとなる。木戸が主張する廃藩置県は、時期尚早《しょうそう》として先送りされた。

## ❖大村益次郎の横死——長州藩式の〝国民皆兵〟を全国に推し進めよ

政府が版籍奉還願を受領した直後の六月二十一日、三条実美とともに輔相《ほそう》を勤める岩倉具視は、薩摩・長州・土佐藩から一個大隊ずつ召《め》し出して政府軍に編入する案を提起した。政府軍を強化するための提案だったが、実はもう一つ別の目的があった。

後述するように、財政難に苦しむ諸藩は戊辰戦争により膨《ふく》れ上がった兵員の削減に着手していた。少しでも負担を減らしたかったわけだが、切り捨てられた側の兵士は当然ながら不満を持つ。やがて、長州藩では脱退騒動が勃発して〝内乱状態〟に陥《おちい》る。

三藩の藩兵を政府軍に編入する案には、**三藩で賄《まかな》い切れなくなった兵員を少しでも政府が引き取ろうという意図が隠されていた**が、軍務官《ぐんむかん》副知事となっていた大村益次郎は強く反対する。欧米列強に倣《なら》って「国民皆兵《かいへい》」による政府軍の創設を目指す大村の立場からすると、**武士を政府軍に編入することには抵抗を感じざるを得ない。**

長州藩には農民も兵士として動員することで、幕府との戦争に勝利した実績があった。大村の国民皆兵の構想とは、長州藩での実績を日本全国に推し進めようという目論見でもあり、木戸の支持も得ていた。

大村益次郎（国立国会図書館蔵）

しかし、**大久保は農民を政府軍に加えることに懸念を示す**。武器を持って戦場に出るのは武士の専売特許だった以上、農民に武器を持たせて兵士とすることへの反発を危惧したのだ。大久保は大村の反対を退《しりぞ》け、岩倉が提起したとおり三藩の藩兵を政府軍に加える。

この問題は、兵制改革すなわち〝国民皆

兵論〟をめぐる薩長両藩の対立に発展していく。大村を支持する木戸と大久保の対立だ。これが日ならずして、大村の命を奪うことになる。

版籍奉還後の官制改革により大村は兵部大輔に任命されるが、九月四日、出張先の京都で国民皆兵論に不満を持つ浪士《ろうし》たちの襲撃を受ける。大村は一命を取り留めたものの、襲撃の時に受けた傷がもとで、十一月五日に死去する。

大村襲撃犯の過半は京都府により捕縛され、十二月二十日に京都粟田口《あわたぐち》の刑場で処刑される運びとなる。

処刑の際には、東京のほか京都にも置かれた弾正台《だんじょうだい》の役人が立ち会うことになっていたが、その日の執行は結局中止となる。京都弾正台を取り仕切る弾正大忠《だいちゅう》で薩摩藩士の海江田信義《かえだのぶよし》が、東京の弾正台から何の連絡も受けていないことを理由に刑の執行に立ち会えないと伝えたからだ。

江戸城無血開城後、東征軍の参謀だった海江田は西郷の方針に沿った形で徳川家に寛大な姿勢を取ったが、西郷から軍事指揮権を奪った形の大村は逆に強硬姿勢を取り、彰義隊を武力鎮圧してしまう。そのため、両者はかねてより不仲が噂《うわさ》されていた。

後に刑は執行されるが、**木戸たち長州藩側から見ると、薩摩藩の嫌がらせではな**

**いかという疑念**は捨て切れなかったようだ。「海江田が大村暗殺を襲撃犯にそそのかしたのでは？」という説まであるほどだ。いずれにせよ、大村は薩長両藩の対立の〝犠牲者〟となったのである。

## （二）維新の勝利が招いた「薩摩藩の内紛」――島津久光の憤懣

### ❖「凱旋兵」による藩首脳部の突き上げ――久光が〝西郷の扇動〟を疑う

政府内で薩長両藩を代表する大久保と木戸が兵制改革などをめぐり対立していた頃、西郷は故郷の霧島《きりしま》・日当山《ひなたやま》温泉で保養《ほよう》の日々を送っていた。密《ひそ》かに隠退《いんたい》の決意を固めたのである。

既に述べたとおり、西郷は海舟に大きく譲歩する形で江戸城総攻撃を中止するなど、**徳川家に対して穏健《おんけん》な対応を取り続けたため、政府内で反発を買う。**その背景には、薩長両藩の対立があった。そして、西郷主導の「穏健路線」は否定され、「強硬路線」に舵《かじ》が切られる。

西郷は長州藩の大村に軍事指揮権を奪われ、一歩引かされた状態となる。モチベーションが落ちていったことは否めないだろう。

大村によって彰義隊が鎮圧されると、西郷は新たな働き場所を求めて奥州・越後・箱館に転戦する。だが、その頃には戦いは終盤に向かっていた。戦場で活躍する機会もなく、戊辰戦争は終結を迎える。ここに、西郷は隠退を決意した。

討幕も実現できた今、もはや自分の役割は終わったと考えて中央政界はもとより薩摩藩政からの隠退を決意したのだろうが、心の底には政府への不満もあったに違いない。「徳川家への対応」をめぐって政府内から批判を浴びて孤立し、浮いたような存在になっていたからである。

しかし、緊迫化する藩内情勢は西郷の藩政復帰を強く求める。鹿児島《かごしま》で大騒動が持ち上がったのだ。

この頃になると出征《しゅっせい》した藩士たちが続々と鹿児島に凱旋《がいせん》してきたが、凱旋兵のリーダーである川村純義《かわむらすみよし》、伊集院兼寛《いじゅういんかねひろ》、野津鎮雄《のづしずお》たちはその軍功を楯に、藩の門閥《もんばつ》層を猛烈に突き上げる。

**戊辰戦争の直前、薩摩藩では対幕府強硬派で倒幕のために武力発動も辞さないとする討幕派の西郷や大久保たちと、討幕には否定的な藩士の間で激しい対立があった。**

薩摩藩内は討幕でまとまっていたわけではなかった。というよりも、幕府と戦って勝てるはずがない、薩摩藩の滅亡を招きかねないとして、討幕には否定的な意見が藩内の大勢《たいせい》を占めた。

孤立する西郷は、藩内から命を狙われたくらいだった。西郷たちからみれば、藩内の討幕反対論者とは、徳川家との協調路線を志向する固陋《ころう》な保守派。門閥層、藩政の主導権を握る上級藩士たちである。その背後には、藩主・島津茂久《もちひさ》の実父として藩政の実権を握る島津久光《ひさみつ》がいた。

川村純義（国立国会図書館蔵）

だが、西郷は討幕に反対する久光の体調不良を逆手《さかて》にとり、藩主・島津茂久を奉《ほう》じて京都に向かう。その信任を受けることで、隷下《れいか》の薩摩藩兵を京都で意のままに動かす。王政復古のクーデターや鳥羽・伏見の戦いも乗り切り、討幕を実現した。

そのため、西郷のイニシアチブのもと戊

辰戦争を戦い抜き凱旋してきた川村たちは、討幕に否定的だった藩士への不満を募《つの》らせる。門閥層の藩政からの排除、人材の登用による藩政の一新を久光に強く訴えた。凱旋兵には下級藩士が多く、西郷にしても同じ下級藩士の出《で》である。

川村たちは軍功を立てたことにより藩内で発言力を増しており、その主張を久光としても無視できなかった。**「西郷が扇動している」と疑う久光は事態を危険視し、**大久保に帰藩を命じる。こうした凱旋兵による藩当局の突き上げは、他藩でもみられた。

この頃、政府は薩摩・長州藩をして政府に翼賛《よくさん》させるため、久光と長州藩世子《せいし》・毛利元徳《もとのり》に上京を命じようとしていた。よって、勅使《ちよくし》・柳原前光《やなぎはらさきみつ》が鹿児島に向けて派遣されることになり、大久保が副使として随行する。長州藩には万里小路通房《までのこうじみちふさ》が勅使として派遣された。

## ❖本人は隠遁するつもりが――部下たちの〝西郷派〟で掌握された藩政

大久保が鹿児島に入ったのは、明治二年二月十三日のことである。久光の意を受けて川村たちの説得を試みたものの、失敗に終わる。

十七日には藩主・島津忠義《ただよし》（慶応四年一月十六日に茂久から改名）の面前で、久光の実子で家老職を勤める島津図書《ずしょ》が、川村たちに面詰《めんきつ》される事態となる。図書は父・久光に「上方出兵反対論」を直接説いた人物であり、川村たちからは門閥層の象徴として目の敵《かたき》にされていた。

その結果、忠義の実弟でもある図書は辞職に追い込まれる。**詰《つ》め腹《ばら》を切らされた形だ。**久光側近で、西郷に批判的な伊地知貞馨《いじちさだか》や奈良原繁《ならはらしげる》も左遷《させん》の憂き目に遭う。

一方、勅使差遣《さけん》を受けて東京に向かった久光は、三月六日に京都へ立ち寄り御所に参内《さんだい》する。ところが、病気を理由にそのまま帰藩してしまう。政府への不満を暗に示した形だ。その動向は西郷や大久保にとり大きな悩みの種となっていく。

島津忠義（写真：近現代PL/アフロ）

図書たちに代り藩政の中枢に座ったのは、門閥の身でありながら西郷を強く支持した桂久武《かつらひさたけ》である。桂は執政《しっせい》・心得《こころえ》に任命され、その下の参政《さんせい》には伊地知正治《まさはる》・橋口《はしぐち》彦二《ひこじ》・大迫貞清《おおさこさだきよ》・伊集院兼寛たち、西郷に近い藩士が起用された。

**西郷は前面に出てはいないものの、一連の人事は〝西郷派の下級藩士〟たちによる藩政の掌握に他ならなかった。**この頃、家老などの重役は執政あるいは参政と改称されていた。

そして、前年十月二十八日に政府が布告した「藩治職制《はんちしょくせい》」に基づき、藩の政務を司《つかさど》る知政所と家政《かせい》を担当する内務局が設置され、薩摩藩でも藩政と藩主の家政が分離される。忠義は「公私の別《べつ》を貫《つらぬ》く」と称し、鹿児島城の本丸を去った。以後、本丸内に置かれた知政所に通勤して藩政を執ることになる。

職制改革にも手が付けられた。軍務局・会計局・糺明《きゆうめい》局・監察《かんさつ》局が新設され、各局の総裁には、西郷の同志である大山綱良《おおやまつなよし》たち現場の隊長クラスの藩士が充てられた。門閥や家格ではなく、軍功と実績つまりは能力に応じた適材適所の人事が断行される。

鹿児島が凱旋兵の突き上げにより〝沸騰《ふっとう》〟していた頃、西郷は日当山温泉で保養していた。そのまま隠居するつもりだったわけだが、藩主の忠義としては、藩内の動揺を収めるには西郷の藩政復帰がどうしても必要だった。西郷ならば、藩当局の意向に容易に従おうとはしない凱旋兵たちを抑《おさ》えられるに違いない。

実弟・島津図書が家老を辞職し、久光側近の奈良原たちが左遷された直後の二月二十三日、忠義は日当山温泉へ向かい、保養中の西郷に参政就任を強く求めた。隠《いん》遁《とん》の意思は固かったとはいえ、主君自ら出向いて直接懇望《こんもう》されれば、西郷としても拒むことはできなかった。

翌二十四日、西郷は忠義に従って鹿児島へと戻る。二十五日、参政に就任して藩政に復帰したが、久光たちから見れば「戊辰戦争の勝利で意気上がる凱旋兵を後ろ盾に藩政を牛耳った」格好であり、不満この上なかった。

そのため、西郷は藩政に復帰した途端、藩政の中枢部から退けられた門閥層から反感を買うようになる。その背後には久光がいた。**久光の憎悪《ぞうお》に苦しめられる日々がはじまった**のである。

## ❖「藩の解体」を加速する藩政改革――門閥や高禄の士族ほど〝猛反発〟

西郷たちが討幕により目指したのは、**天皇をトップとする強力な「中央集権国家」**の樹立である。諸大名が各自の所領を分割統治する〝封建制〟から、中央政府が全国を郡県に区分して直接統治する〝郡県制〟への移行だ。

一言でいうと、**廃藩置県は避けられない。明治維新の原動力となった薩長両藩も**

**消滅の運命を辿ることになる。**

日本全国の石高《こくだか》は約三千万石。そのうち幕府から没収した政府直轄《ちょっかつ》地（府・県）は八百万石、日本全土の三割弱ほどに過ぎなかった。

そのため、残り七割強の土地と人民を支配する諸大名（藩）の領主権を取り上げることが焦眉《しょうび》の課題となる。だが、諸藩の反発は必至であり、版籍奉還そして廃藩置県という二段階で所期《しょき》の目的の達成がはかられる。

明治二年六月十七日、政府は諸藩からの版籍奉還願を受領し、藩主をそのまま知藩事に任命したが、その立場は政府が任命した地方長官に過ぎなかった。政府はこれを機に、諸藩への統制を強化していく。

版籍奉還直後の六月二十五日、政府は諸務《しょむ》変革のための十一箇条の指令を諸藩に下す。石高・物産・税高《ぜいだか》・人口・戸数《こすう》などを調査して報告するよう命じた。これにより、政府は「秘密のヴェール」に包まれていた各藩の財政状況を掌握できるようになる。

版籍奉還後、藩首脳部を構成する執政・参政は大参事、権《ごん》大参事、少参事という職名に改められたが、これら参事職は任免に政府の許可が要件《ようけん》となる奏任《そうにん》官と位置付けられた。**藩首脳部の人事権を政府に握られたのである。**

一方、一門《いちもん》・家老以下の藩士をすべて士族とし、藩主は華族《かぞく》とした。藩主と藩士との間の主従関係を制度的に廃止し、武士階級を華族と士族に再編成する。以後、政府が藩士を登用する場合も、藩に問い合わせることはなくなる。否応《いやおう》なく藩主と藩士の意識も変質し、藩の解体が進行していく。

財政面では、知藩事の家禄《かろく》を藩の歳入の一割と定めた。藩庁の経費と家禄を分離させることで、藩政と家政の区分を財政面でも明確化する。

政府は諸藩に対し、藩士改め士族の禄制《ろくせい》改革も求めた。その背景には、藩の深刻な財政難があった。

戊辰戦争を通じて弱体化したのは藩主の威信、藩主をトップとする藩の身分秩序だけではない。莫大な軍費支出が、財政の窮乏《きゅうぼう》化を著しく促進させた。その結果、明治三年(一八七〇)段階で諸藩が抱えた借金の平均は、収入の約三倍にも達し、自ら廃藩を申し出る藩も現れはじめていた。

収入の増加が容易に見込めない以上、諸藩は支出削減つまりは家禄削減を断行せざるを得なかった。

総じて高禄《こうろく》の士族ほど削減率が高く、小禄《しょうろく》の士族ほど低い、あるいは逆に増額する方式が取られた。〝家禄の平準化〟が断行されたのである。

西郷が参政を勤める薩摩藩も禄制改革に着手する。薩摩藩の場合、島津家の一門や一所持《いっしょもち》が領主として支配する私領《しりょう》地があったが、版籍奉還により私領主制は廃止され、一門は千五百石、一所持が三百石に禄高が限定された。その結果、十七万九千九百三十一石が削減される。

一方で、二百石以下の下級士族には全体で六万九千五百九十八石を加増《かぞう》し、戊辰戦争で活躍した労に報《むく》いた。差し引き「十万石余の削減」だった。

凱旋兵の大半は下級士族であり、禄高の少なさが藩首脳部突き上げの最大の理由になっていたことは想像するにたやすい。門閥層に牛耳られる藩政への不満もさることながら、軍功に伴う加増への期待が、下級士族をして首脳部の突き上げに走らせたのだろう。

しかし、**西郷たちが推し進めた下級士族の優遇《ゆうぐう》策**は、禄高を大幅に削減された上級士族からは当然ながら猛反発を受ける。彼らの不満は、西郷に不信感を抱く久光のもとに集まっていく。久光の怒りは増すばかりだった。

禄制改革により得た余剰《よじょう》分は、軍備強化にも充てられた。常備《じょうび》兵力の増強に努めた結果、城下・諸郷《しょごう》合わせて常備小銃隊が百三十一小隊と三分隊に膨れ上がり、総数一万二千六十七人にも達した。これに砲兵《ほうへい》隊も加わる。

**薩摩藩は「日本最大の軍事力」を誇る藩だった。政府にとっては、味方にすればこの上なく頼《たの》もしいが、敵に回せばこれほど恐ろしい集団はなかったのである。**

## ❖「藩政の表舞台」から退いた西郷――〝有難迷惑〟の官位と賞典禄

明治二年六月二日、旧江戸城である皇居の大広間において、戊辰戦争で戦功があった諸藩に賞典禄《しょうてんろく》が下付される。薩摩藩主・島津忠義と父・久光、長州藩主・毛利元徳と養父・敬親《たかちか》に最高額の十万石、土佐藩主・山内豊範《とよのり》とその父・容堂《ようどう》には四万石が与えられた。一方、朝敵とされた諸藩の処分は終了しており、二十五藩で総計百三万石を没収した。

賞典禄は勲功《くんこう》著しい藩士も対象であり、西郷は最高額の二千石。大久保と木戸は千八百石。彰義隊討伐で名を上げた大村が千五百石だった。

明治二年六月に西郷が賞典禄二千石を下賜された際、主君・忠義と久光には賞典禄十万石下賜のほか、従三位《じゅさんみ》参議と従二位《じゅにい》権大納言《ごんだいなごん》への官位昇進が伝えられていたが、久光は自身への賞典禄の下賜と官位昇進を拝辞《はいじ》する。西郷はじめ家臣への賞典禄や官位も辞退したいと申し立てるが、政府はこれを許容しなかった。

九月二十六日、西郷に正三位《しょうさんみ》が授《さず》けられる。官位では、従三位の忠義を上回ってしまった。久光はこれに強く反発し、西郷への官位返上を政府に申し立てる。

こうした政府の殊遇《しゅぐう》は、西郷にとっては有難迷惑《ありがた》でしかなかった。藩政改革に不満を持つ久光に、攻撃の材料を与えるようなものだったからである。

**主君よりも高位の官位を受ければ、自分に反感を持つ久光から「不忠者《ふちゅう》の誹《そし》り」を受けるのは火を見るよりも明らかだった。**下級士族を優遇する藩政に不満を持つ上級士族からの嫉妬と羨望《せんぼう》も避けられない。いつか、その反動が来るに違いない。

よって、西郷自身が再三にわたり官位返上を願い出たものの、政府は認めなかった。苦悩する西郷は、大久保に宛《あ》てた明治三年（一八七〇）三月二十三日付書状で次のような心情を吐露する。

政府から官職を命じられれば位階《いかい》がおのずから付いて来るのは分かるが、官職に就いていない者にまで位階を授けるのは筋が通らない。その上、主君よりも高位を授けられれば、お受けできないのは臣下として当然のことである。

公家にとって位階は尊《とうと》いものかもしれないが、自分のような田舎者《いなかもの》には何の役にも立たない。ともかくも、官位返上が受理されるよう奔走して欲しいとひたすら懇《こん》願《がん》している。

西郷は久光や藩内の反発を鎮めるため、この書状を大久保に送る二ヶ月ほど前の一月十八日に、参政の職を辞して相談役に就く。表向《おもてむ》き藩政の舞台から退いたのだ。**それほど、西郷は藩内で苦境に立たされていた。**

西郷の苦境を慮《おもんぱか》って大久保が尽力した甲斐《かい》あってか、その後、官位と賞典禄返上の願いは聞き届けられる。

## ❖島津久光の〝憎悪〟を一身に浴びる――「毎日死を覚悟しながら出勤」

西郷のみならず大久保にとっても、久光を頂点とする薩摩藩との関係は悩ましい限りだった。西郷が参政を辞めた直後、大久保は再び鹿児島を訪れて久光と対面しているが、苦汁《くじゅう》を嘗《な》めさせられる帰藩となる。

明治二年暮れ、大久保と木戸は二人揃って帰藩の途に就く。先に薩長両藩をして政府に翼賛させるため勅使を派遣したが、その意図は果たせなかった。そこで、二人は〝政府首脳〟として久光と毛利元徳に改めて対面し、施政《しせい》に関する理解と協力を得ようと目論む。

翌三年一月十九日、鹿児島へ戻った大久保は久光に拝謁《はいえつ》し、施政への理解と協力を求めた。前回果たせなかった上京も要請するが、その拒絶に遭う。大久保は西郷の上京も望んでいたが、これについても久光は拒絶する。

二十四日には、政府の方針に沿った一連の藩政改革に対する不満を爆発させ、**かつての腹心《ふくしん》だった大久保を激しい言葉で詰《なじ》る。**大久保は久光の説得を断念し、東京へと戻った。二十六日のことである。

大久保が鹿児島にやって来た頃、執政は大参事、参政は権大参事と改称され、桂や伊地知たちが権大参事を勤めたが、大参事は空席《くうせき》になっていた。

藩政のトップである大参事には西郷が任命されるべきところだったが、前項で述べたように当時は相談役の地位にあり、藩政の表舞台から退いていた。

それだけ、西郷たちの藩政改革に対する反発が藩内では強かったが、七月三日、西郷は執務《しつむ》役として藩政に復帰する。八月十五日には大参事に任命され、藩政の最高責任者の座に就く。

西郷があえて藩政のトップに立つことを決断した背景には、藩首脳部と久光の対立があった。

七月十二日、西郷派の藩士である大山綱良は大久保宛の書状で、西郷の執務役就任に至る経緯を次のように説明している。

鶴丸城（鹿児島城）跡

大山が久光・忠義父子に、再三再四、現下の情勢を説明して藩政への理解を求めても、不愉快というのみである。何事にも怒りを示すありさまで、当惑《とうわく》するしかない。大山は職を辞する決意で久光父《ふ》子《し》に対面したが、なお理解を得られなかった。

**窮《きゅう》した大山は西郷に事情を打ち明け、「このままでは薩摩藩の存亡《そんぼう》にもかかわる」として藩政の表舞台に復帰して欲しいと求めた。**藩政のトップとして、久光を抑え込むことを期待したのだ。事情を聞いた西郷は大奮発《ふんぱつ》。かくなる上は自分が出仕するしかないと決意し、執務役に就任する（『大久保利通文書』三、東京大学出版会、一九六七年覆刻《ふっこく》）。

だが、それは久光の怒りを一身に浴びることを意味した。久光に言わせると、西郷はこれまで以下のような政治行動を取ってきた。

久光の意向に反し、そして藩内の猛反対も押し切って討幕を達成した。維新後は凱旋兵士をして島津図書たちを失脚させ、藩政を牛耳った。藩政復帰後は参政として上級士族の家禄を削減する一方、下級士族の家禄は増額する禄制改革を断行し、藩主をトップとする藩の身分秩序を崩《くず》した。

西郷のやる事なす事、久光の意に沿わなかった。その怒りがいつ爆発するか分からない。大参事に就任する直前の八月三日、西郷は大久保宛の書状で「上《じょう》意《い》討《う》ち」される覚悟を次のように披瀝《ひれき》している。

**久光の不信と憎悪を一身に浴びている以上、理解を得られるか斃《たお》れるかの二つしかない。毎日死を覚悟しながら、藩庁に出勤している。**しかし、覚悟を決めたことで無《む》の境地となり、却《かえ》って久光に仕えやすくなった気がする（『大西郷全集』第二巻、平凡社）。

藩内では久光の憎悪にひたすら耐え忍《しの》んでいた西郷だったが、どうしても我慢できないことがあった。第一章で述べたような〝政府の不正〟である。

## (三) 長州藩の脱退騒動――切り捨てられた「士族の反乱」の前触れ

### ❖膨れ上がった奇兵隊などの「諸隊」――凱旋後は一転、リストラ対象に

戊辰戦争後、西郷や大久保は藩内の混乱に苦しめられていたが、そうした事情は木戸にしても同じである。**長州藩では〝脱退騒動〟と称される武力蜂起《ほうき》に発展して内乱状態に陥る**が、その主役は奇兵隊《きへいたい》など「諸隊《しょたい》」の兵士たちだった。

奇兵隊創設の頃に時計の針《はり》を戻してみよう。

既に述べたとおり、長州藩は破約攘夷論を掲《かか》げることで薩摩藩に代って朝廷を牛耳る。その権威を後ろ盾に、幕府をして攘夷の実行を約束させることに成功する。攘夷決行の期日は、文久三年（一八六三）五月十日と指定されていた。

この日、長州藩は下関《しものせき》砲台からアメリカ商船に砲撃を加える。二十三日にはフランスの通報艦《つうほうかん》にも砲撃を加えたが、六月に入るとアメリカやフランスの軍艦による報復攻撃がはじまる。長州藩の軍艦は撃沈され、下関の砲台も破壊された。上陸

奇兵隊士之像（山口県下関市）

も許してしまい、本陣《ほんじん》を置いた寺院などが焼き払われた。欧米列強の前には、既存の軍事力などまったく無力である現実を長州藩は思い知らされる。

衝撃を受けた藩当局は、藩主の覚えも目出度《めでた》かった若手藩士の高杉晋作《たかすぎしんさく》を呼び出し、善後策を諮問《しもん》する。高杉は「藩を挙げての防備体制の構築が必要」という認識のもと、藩の正規兵を補佐する奇兵隊の結成を上申《じょうしん》した。その献策《けんさく》は採用され、奇兵隊が結成される運びとなる。

奇兵隊に入隊したのは、武士と庶民《しょみん》が半々である。武士と言っても足軽《あしがる》や中間《ちゅうげん》などの下級武士が大半で、庶民にしても主に農民だった。

奇兵隊の結成に刺激され、下級武士や庶民を主体とした軍隊が、藩内で続々と誕生していく。「諸隊」と総称された軍隊の数は、総計四百にも達した。

その後、奇兵隊など諸隊は第二次長州征伐での勝利に大きく貢献する。藩士のみで構成される正規軍よりも軍功を挙げたが、創設者の高杉は慶応三年（一八六七）

四月に死去する。その遺志《いし》を継ぐ形で奇兵隊を率いたのは、同じく吉田松陰《よしだしょういん》門下の山県有朋だった。

戊辰戦争でも奇兵隊は越後に出征し、奥羽越列藩同盟の一角として頑強に抵抗し続けた長岡《ながおか》藩を破る軍功を上げる。奇兵隊はじめ諸隊は意気揚々《ようよう》と凱旋してくるが、**明治に入ると、一転〝リストラの対象〟となるのである。**

## ❖毛利元徳の居館を包囲した「脱退騒動」——薩摩藩の介入を恐れる

当時、**奇兵隊を含めた諸隊の兵士の数は五千人以上にも及び、藩の財政を極度に圧迫していた。**戊辰戦争も終わり、その役割は終わった。

よって、藩庁では「兵制改革」と称し、膨れ上がった諸隊を整理して藩の財政負担を減らそうとはかる。諸隊から二千二百五十人を精選《せいせん》して常備軍とし、残りは除《じょ》隊《たい》させることを決めた。諸隊の解散であり、除隊された兵士にとってみればリストラに他ならない。

明治二年十一月二十七日、藩庁は奇兵隊はじめ諸隊の隊号《たいごう》を廃《はい》し、常備第一〜第四大隊を編制したが、切り捨てられた兵士たちの不満が爆発する。

その大半は農民の次男、三男以下であり、除隊されて故郷に戻ったところで耕《たがや》す田畑はなかった。常備隊への選抜基準にしても、軍功よりも身分が重視される問題点があった。

十二月一日、奇兵隊、鋭武《えいぶ》隊、振武《しんぶ》隊などの諸隊に所属していた千二百人ほどの兵士が周防《すおう》国宮市《みやいち》に集結する。宮市を本陣として藩内に十八の砲台を築《きず》き、藩庁との対立を深めたが、除隊され帰郷していた兵士たちも駆け付けたことで総勢二千人にも膨れ上がる。

彼ら脱退した兵士たちは速やかな論功行賞《ろんこうこうしょう》の実現、兵制改革の反対などの要求を藩庁に突き付けた。

同八日、事態を憂慮した知藩事の毛利元徳は、周防国の三田尻《みたじり》や小郡《おごおり》を巡回して鎮撫《ちんぶ》に努めるが、効果はなかった。毛利家は長門国の萩《はぎ》城が居城だったが、幕末に入ると周防国山口に政庁を移し、藩主つまり知藩事の館も山口に置かれていた。

藩内が不穏な情勢に陥るさなか、あたかも〝飛び火〟するような形で農民の一揆《いっき》が領内各所で起きる。明治二年の夏が長雨に祟《たた》られ、秋の作柄《さくがら》が非常に悪かったことが背景にあった。

藩内が脱退騒動と農民一揆で〝沸騰〟するさなか、木戸が帰国してきた。先に述べたとおり、大久保と木戸は政府首脳として久光と元徳に改めて対面し、施政に関する理解と協力を得ようと目論んでいた。

翌三年一月十五日、大久保は山口で元徳に拝謁する。翌十六日には鹿児島へ向かうが、長州藩内の状況はさらに悪化していく。

そのため、藩庁では萩にいた干城《かんじょう》隊をして元徳の居館《きょかん》を警備させようとはかる。干城隊は諸隊ではなく、藩士のみで構成された藩の正規軍だったが、脱退兵士たちはこれに憤激する。鎮圧のための派兵とみなしたのだ。

**山口に進撃した兵士たちは警護と称し、元徳の居館を包囲する。**三年一月二十四日のことである。そして、元徳救出のため山口に向かっていた干城隊を撃破する。武力鎮圧を主導していた木戸は、命からがら山口から脱出し、下関で反撃の機会を窺《うかが》った。

毛利元徳（国立国会図書館蔵）

二月八日、木戸は常備軍などを率いて鎮圧に乗り出す。俗《ぞく》に七万発の小銃弾を撃ったと称される激戦の末、十一日には脱退兵士たちを撃破し、居館を包囲されていた元徳を救い出す。

一方、鹿児島に到着していた大久保は薩摩藩兵の派遣を西郷に提案する。長州藩の脱退騒動が、他藩ひいては薩摩藩に波及《はきゅう》することを危惧したのである。

財政難に苦しむ諸藩は「禄制改革」という名の家禄削減を断行したが、削減された側の藩士たちの不満が当時充満しており、何かのきっかけで連鎖的に暴発する危険性があった。

**今回の長州藩の脱退騒動も、財政難克服のための兵制改革が原因であり、禄制改革を断行中の薩摩藩としても〝他人事〟ではなかった。**政府首脳の顔も持つ大久保からすると、「反政府運動」への転化も危惧せざるを得ない。

西郷は派兵を求めてきた大久保に対して、長州藩の内情を調査した上で判断したいと提案する。自ら藩士の桐野利秋《きりのとしあき》や村田新八《むらたしんぱち》たちを率いて、山口へ向かうことになった。

## ❖長州から九州での〝反政府運動〟に飛び火――「久留米藩難事件」

山口に到着した西郷は、木戸に面会する。その際、鎮圧のための薩摩藩兵の貸し出しを提案したと伝えられるが、さすがに木戸は固辞する。

木戸の立場からすれば、**長州藩内の騒動を鎮めるのに薩摩藩の力を借りてしまっては、その風下《かざしも》に立たされるのは必至だった。**政府内で薩摩藩に主導権を握られてしまう。何としてでも、自力で解決しなければならない。

さらに、西郷が長州藩当局と脱退兵士たちの調停《ちょうてい》に乗り出してくることを警戒していた。薩摩藩内には脱退兵士たちに**〝同情的な空気〟**もあったからである。薩摩藩の場合、凱旋してきた兵士の発言権が強く、戦友《せんゆう》とも言うべき諸隊の兵士にシンパシーを感じていた。

長州藩が武力鎮圧に成功したこともあり、西郷は木戸の意思を尊重して脱退騒動に介入することはなかった。十七日には鹿児島に戻る。

長州藩は、今回の反乱に関係した兵士たちの処分を徹底的におこなう。「死罪」に処《しょ》せられた兵士だけで百人を超えた。

長州藩もさることながら、政府は脱退騒動の勃発に大きな衝撃を受ける。西郷や大久保が懸念したように、他藩に波及するのを恐れた。領内から逃亡した脱退兵士たちも多く、長州藩そして政府はその追跡に躍起《やっき》となる。

長州藩では再挙《さいきょ》をはかる脱退兵士を弾圧する一方で、脱退騒動の「黒幕《くろまく》」として領内の大楽源太郎《だいらくげんたろう》に目を付ける。大楽は高杉とともに尊攘派志士として活動した経歴を持つ人物で、当時は故郷の周防国で西山塾《せいざんじゅく》を主宰《しゅさい》し、諸隊の兵士を大勢門弟《もんてい》にしていた。

よって、諸隊の兵士を切り捨てる藩の兵制改革には強く反対する。実際、多くの門弟が脱退騒動に参加したため、藩当局が大楽を黒幕とみなすのは時間の問題だった。

明治三年三月五日、大楽は山口に置かれた諸隊会議所への出頭を命じられる。大楽は藩命に従って山口に向かうが、その途中、付き添い人の目を盗んで逃走する。門弟を連れ、九州へと向かった。

最初は豊後《ぶんご》の姫島《ひめしま》に渡り、その後、九州本島の豊後鶴崎《つるさき》に赴《おもむ》く。豊前や豊後で潜伏生活を続けた後、筑後《ちくご》の久留米《くるめ》に入った。

久留米藩には、応変《おうへん》隊という攘夷派の藩士で組織された部隊があった。奇兵隊をモデルにしていたという。

長州藩領から逃れてきた脱退兵士は応変隊に匿《かくま》われたため、長州藩は引き渡しを要求したものの、久留米藩は応じなかった。同藩はもともと政府に批判的な空気が強く、その動向が危険視されていた。

久留米城跡（福岡県久留米市）

久留米を根拠地とした大楽は、応変隊や政府に反感を持つ藩士たちを扇動し、**「全国の不満分子を糾合《きゅうごう》して政府転覆を目指す」**と唱えた。

だが、大楽の動向を察知していた政府は、久留米藩にも近い豊後の日田《ひた》県に巡察《じゅんさつ》使・四条隆謌《しじょうたかうた》を派遣する。日田には九州の幕府領を支配する西国郡代《さいこくぐんだい》所が置かれたが、明治維新で幕府領が政府直轄領となったことで、県が設置されていた。

明治四年（一八七一）三月十日、四条は知藩事の有馬頼咸《ありまよりしげ》に謹慎《きんしん》を命じ、大参事の吉田博文を罷免《ひめん》した。十二日には長州藩兵や熊本藩兵を久留米に送り込み、大楽を匿った大参事・水野正名《まさな》と権大参事・小河真文《おがわまさぶみ》を捕縛する。そして、日田に護送させた。

**反政府運動の拠点と化していた、久留米藩の〝解体〟を目論んだのである。九州諸藩に反政府運動を飛び火させてはならない。**

十六日、政府の介入に危機感を強めた藩士たちは久留米藩に累《るい》が及ぶことを恐れ、大楽を筑後川の河原《かわら》で殺害する。日田に護送された小河や水野は東京へ送られ、後に小河は斬首《ざんしゅ》、水野は終身刑に処せられた（一坂太郎『長州奇兵隊』中公新書、二〇〇二年）。

この事件は「久留米藩難《はんなん》事件」と称されるが、後に九州各地で頻発《ひんぱつ》する士族の反乱の前触《まえぶ》れでもあった。西南戦争が起きたのは、それから六年後のことである。

## (四)「政府瓦解の危機」――万民が政府に〝疑心〟を持っている

### ❖他を圧倒する「巨大官庁」の誕生――近代化政策のための〝徴税強化〟

薩摩・長州両藩が藩内の混乱を収束させるのに四苦八苦《しくはっく》していた頃、政府では近代化(開化《かいか》)政策をめぐって紛争が起きる。そこで〝台風の目〟となっていたのは大蔵省であった。

版籍奉還後、政府の組織改革が断行される。明治二年七月八日、輔相・議定・参与が廃止され、二官(神祇官《じんぎかん》・太政官)六省(民部《みんぶ》・大蔵・兵部・刑部《ぎょうぶ》・宮内《くない》・外務)が設置された。太政官の首脳は右大臣の三条実美、大納言の岩倉具視、参議に任命された薩摩藩の大久保、長州藩の広沢真臣と前原一誠《まえばらいっせい》、佐賀藩の副島種臣《そえじまたねおみ》たちである。

太政官の下に置かれた六省には、少壮《しょうそう》気鋭の藩士が配置される。六省のなかで大蔵省の実権を握り近代化政策を推進していたのは、大蔵大輔に抜擢された佐賀藩の大隈重信と少輔に任ぜられた長州藩の伊藤博文である。開明派官僚の代表格だった。

大蔵省は財政、民部省は民政《みんせい》を担当したが、大輔の大隈は財政と民政は内政の根幹であり、政策の遂行上、両省の一体化が望ましいと主張する。省内で大隈を支える少輔の伊藤や大丞《だいじょう》の井上馨《かおる》がその主張を支持した。

木戸も大隈たちを後押しした結果、八月十一日に両省は合併して民蔵省《みんぞう》となる。議定を勤めていた宇和島《うわじま》前藩主の伊達宗城《むねなり》が卿《きょう》を勤めるが、主導権を握ったのは大隈・伊藤・井上の三人だった。

民蔵省の誕生により、大隈たちは大蔵省系の造幣《ぞうへい》・出納《すいとう》・用度《ようど》の三司《さんし》に加え、民部省系の監督・租税・通商・土木・駅逓《えきてい》・鉱山の六司も掌握する。**内政全般を管轄《かんかつ》する〝巨大官庁〟となった民蔵省**の官員は五百二十九名にのぼり、九十名の兵部省、五十二名の外務省を圧倒した。

**太政官が統制できないほどの大きな権限を持った民蔵省は、近代化政策を強力に推し進めていく。**

その象徴的な施策《しさく》としては汐留《しおどめ》・横浜間の鉄道敷設《ふせつ》が挙げられるが、言うまでもなく財源の確保が不可欠である。いきおい直轄領たる府・県を通じての租税収奪《しゅうだつ》は厳しいものにならざるを得なかった。収奪される側の反発は必至だが、当時の世《せ》情《じょう》不安がそれに拍車を掛ける。

## 全国各地で「農民一揆」が頻発――地方官も〝苛政〟を激しく批判

財政難に苦しむ政府が大量の不換《ふかん》紙幣（太政官札《だじょうかんさつ》）を発行したことで、物価は高《こう》騰《とう》を続けていた。その上、明治二年は東日本を中心に大凶作に見舞われる。ダブルパンチを受けた農民たちは生活苦に陥り、農村社会は動揺していく。

しかし、大隈たちが取り仕切る民蔵省は租税確保のため、府・県知事や参事など地方官の判断による〝減租《げんそ》〟を一切厳禁した。そのため、追い詰められた農民たちによる一揆が全国各地で続発する。

現場で民衆の窮状《きゅうじょう》を熟知する府や県の地方官は、減租を認めようとはしない民蔵省の姿勢を激しく批判する。薩摩藩士で初代・日田県知事に就任した松方正義《まつかたまさよし》は参議の大久保に宛てた書状で、**民蔵省が賦課《ふか》する新税は幕府時代にもみられなかったような〝苛政《かせい》〟**と指摘した。農民の窮状を見兼ねて減租を認め、免職《めんしょく》処分を受ける地方官の事例も相次いだ。

松方正義（国立国会図書館蔵）

民蔵省に対する地方官からの批判の高まり、そして全国各地での一揆の続発に危機感を抱いた大久保は、大隈たちの「後ろ盾」になっていた木戸に参議への就任を求める。木戸を参議として太政官に取り込むことで、民蔵省をコントロールしようという狙いが秘められていた。

折しも、木戸は長州藩内で勃発した脱退騒動の戦後処理のため、長きにわたって帰国していたが、ようやく明治三年（一八七〇）六月二日に東京へ戻ってくる。同月十日、木戸は大久保の要請を受けて参議に就任する。

ところが、木戸は就任早々、大隈の参議就任も求めてきた。民蔵省主導による近代化路線を継続させるため、自分が高く評価する大隈を太政官に送り込もうとするが、大久保たち四参議は木戸の「大隈参議案」に強く反発。六月二十二日には、連名で辞表を提出する事態となる。

この政府部内の争いは、七月十日に民蔵省が大蔵省と民部省に分離されることで決着をみる。大隈たちは大蔵省専任となり、民部省は岩倉や大久保たちが省務を管掌《かんしょう》した。大隈たちの権限が縮小されるとともに、民蔵省と府県の間に生まれた確執《かくしつ》の解消がはかられる。

しかし、近代化路線自体が否定されたわけではない。その歩みが緩《ゆる》やかになったに過ぎない。大久保にとっても近代化路線は焦眉の課題だったが、その前には藩という大きな壁が立ちふさがっていた。

## ❖西郷決起の風聞――〝反政府〟となった薩摩藩兵が大挙上京してくる

明治二年六月二十五日、政府は諸務変革のための十一箇条の指令を下して知藩事の家禄を藩の歳入の一割と定めたが、翌三年九月十日には**「藩制《はんせい》」を布告し、藩政への介入をさらに強める。**

藩制では改めて藩歳入の一〇パーセントを知藩事の家禄と規定したほか、歳入の九パーセントを各藩の「陸海軍費」と定めた上で、その半分にあたる四・五パーセントを海軍費として政府に上納《じょうのう》すること。残り八一パーセントは、藩庁の経費や藩士への家禄に充てることが諸藩に命じられた。予算の使途について〝枠《わく》〟をはめたのである。

藩債《はんさい》処理については、各藩が償却《しょうきゃく》年限を決めて知藩事・藩士の家禄や藩庁費から返済すること。さらに、藩札《はんさつ》引き替え完了の目途《めど》を立てることも合わせて命じられた。

政府は藩制を布告する前に、その原案を集議院《しゅうぎいん》に諮問して審議させている。集議院とは諸藩の意見を集約する場であり、府・県・藩の代表が議員を勤めた。五月二十八日より審議は開始されたが、海軍費の上納問題をめぐって議論が紛糾する。

原案では歳入の二〇パーセントを各藩の陸海軍費に充て、その半分にあたる一〇パーセントを海軍費として政府に上納させる計画だった。だが、薩摩・土佐藩が強く反発したため、四・五パーセントに約半減されたのである。

一悶着《ひともんちゃく》あった藩制原案が審議されているさなかの七月二十六日に、衝撃的な事件が起きる。薩摩藩士・横山正太郎《しょうたろう》（初代文部大臣・森有礼《もりありのり》の実兄）が、政府の現状を痛烈《つうれつ》に批判する意見書十箇条を集議院門前に掲げ、切腹して果てた。

横山が死を賭して認《したた》めた意見書の趣旨は次のとおりである。

御一新《ごいっしん》にあたり、府・藩・県ともに政府に準じて徳政《とくせい》を敷《し》くべきところ、肝心の政府が幕府の悪弊《あくへい》に染まっている。昨日「非」としたものが今日は「是《ぜ》」となるありさまだ。政府首脳部たちは奢侈《しゃし》に走り、下々の困窮ぶりが分かっていない。私利私欲を求める官吏も少なくない。政令も朝令暮改《ちょうれいぼかい》であるため、政府に疑心を持った万民が進むべき道に迷っている（『鹿児島県史料　忠義公史料』第六巻）。

政府の実態を暴《あば》いた横山の行動は人々に衝撃を与えたが、第一章で触れたとおり西郷も同じような見方を持っていた。維新直後というのに、政府首脳たちは立派な家屋を建て、洋服を着飾り、蓄財のことばかり考えている。**西郷は横山の〝諫死《かんし》〟に強く感動し、その追悼碑を建立したほどだった。**

森有礼（国立国会図書館蔵）。諫死した横山正太郎は実兄

今は離れた立場にいるとはいえ、明治政府が腐敗していく現状には我慢ならなかった。政府の不正への怒りは凄《すさ》まじく、西郷は政府批判の色合いが濃い過激な言動に走ってしまう。

だが、こうした言動は新たな波紋を生み出す。〝西郷決起〟の風聞《ふうぶん》だ。

藩制が布告された九月、薩摩藩は在京させていた藩兵千人余を帰国させる。ところが、その交代兵を送らなかったため、ある風聞が沸《わ》き起こる。**政府に不満を持つ薩摩藩が〝政治刷新〟を求めて大挙《たいきょ》上京してくるというのだ。**

**藩兵を率いて上京してくる将とは、もちろん西郷その人である。**長州藩が鎮圧したはずの脱退兵士の残党が、薩摩藩と呼応《こおう》して決起するという風聞まで飛び交っていた。

## ❖「政府瓦解」の回避には、行政改革が不可欠——御親兵と西郷の上京

西郷決起の風聞に、政府は焦燥《しょうそう》を募らせる。**諸藩のなかで最大の軍事力を誇る薩摩藩が反政府の旗幟《きし》を鮮明にすれば〝政府瓦解《がかい》〟も現実味を帯《お》びてくる。**

政府に対する不満を鎮めるには自らを律して官紀《かんき》を糺《ただ》し、行政改革を断行して政府基盤の強化をはからなければならない。そして薩摩藩の反政府的な言動を抑え込み、その力を活用して政府の改革に協力させる必要がある。

こうした事情は、まったく長州藩にも当てはまる。大久保と木戸は薩摩・長州両藩主導による政府改革を企図した。

大久保は西郷の弟・従道《つぐみち》と黒田清綱《きよつな》を鹿児島に派遣し、西郷の説得に当たらせ

る。二人から政府改革に対する大久保の強い決意を聞いた西郷は、政府への協力を約束した。それを知るや、大久保は帰国を決意する。岩倉が勅使として鹿児島に派遣される運びとなり、大久保もこれに同行した。

明治三年十二月十八日、岩倉勅使の一行は鹿児島に入る。岩倉と大久保の説得に久光も折れ、西郷の上京を承諾する。一方、西郷は来春上京予定の藩兵を「御親《ごしん》兵《ぺい》」という名の政府直属兵とすることに合意した。二十八日には鹿児島を出立《しゅったつ》し、山口へ向かう。

西郷従道（国立国会図書館蔵）

岩倉は長州藩への勅使も勤めていた。政府改革に長州藩の協力も得るためである。翌四年（一八七一）正月七日、岩倉勅使一行は山口に入り、前藩主・毛利敬親と知藩事の元徳から政府改革への賛同を得る。一方、岩倉に同行して山口入りした西郷と大久保は、木戸や長州藩大参事・杉孫《すぎまご》七郎《しちろう》と協議し、同藩の兵も御親兵とすることで合意した。

十四日、岩倉は帰京の途に就くが、西

郷・大久保と木戸・杉は高知へ向かった。土佐藩も薩長両藩による政府改革路線に加えるためだ。

十九日、西郷たちは土佐藩大参事・板垣退助たちと会談して承諾を得る。ここに薩長土《さつちょうど》三藩の連携が成り、土佐藩兵も御親兵の一翼《いちよく》を担うことになった。

二月二日、三藩を代表する西郷・大久保・木戸・板垣たちは東京に入った。八日には三条実美邸で会合し、御親兵の設置が決まる。政治改革を断行するには、朝廷が兵力を備えて〝異変〟に応じられる体制を整えなければならない。よって、三藩が藩兵を御親兵として差し出すという趣旨である。

御親兵設置の決定を受け、西郷は出兵準備のため帰国の途に就く。四月十六日、島津忠義を奉じて東京へ向かった。

薩摩藩は、歩兵四大隊と砲兵四隊の総勢三千百七十四人を差し出した。これに長州・土佐藩兵が加わったため、御親兵は総勢八千人にも及ぶ。**政府の方針に従わない藩は御親兵をもって討伐する腹積《はらづ》もりだったが、藩兵を差し出した三藩側には軍事費が軽減できるのではという期待があった。**

日本最大の常備軍を抱える薩摩藩に象徴されるように、その維持には莫大な費用を要していた。御親兵として藩兵を差し出すことで、少しでも財政負担を減らしたかったのだ。

当時、政府は諸藩の動向もさることながら、近代化路線つまり「開国和親《かいこくわしん》」の方針に反発する尊攘派志士の動きにも神経を尖《とが》らせていた。御親兵の討伐対象には、政府の方針に異を唱える過激な尊攘派も含まれた。

西郷たちは、東京に集められた御親兵の軍事力を背景に政治改革に取り組むが、その前途は多難だった。出身藩の薩摩・長州藩との〝決別〟が待っていたからである。

## (五)廃藩置県の断行――それは薩長の〝起死回生〟の一手だった

### ❖急浮上の「廃藩即時断行案」――他藩の〝政権奪取〟の動きを封じる

六月二十五日、御親兵八千人を得た政府は、西郷を参議に起用する。「薩摩藩の最高責任者」が政府の閣僚を兼任した形である。

ところが、制度改革や人事をめぐる政府内の紛糾が深刻化し、政治改革の先行きが危ぶまれはじめる。大久保と木戸が対立し、政治空白が生まれたのだ。薩長両藩の主導権争いが再燃《さいねん》した格好である。

一方、薩長両藩を中心とした政治改革の動きに対し、土佐・福井・徳島・熊本・米沢《よねざわ》・彦根《ひこね》などの有力諸藩は「議院《ぎいん》開設」といった〝急進的〟な政治構想を主張してきた。

**王政復古以来、両藩の後塵《こうじん》を拝《はい》してきた反省を踏まえ、政治面の近代化を先取りするような仕掛けに出たのである。**政局の主導権を握ろうとしたわけだ。尾張《おわり》・鳥取・徳島・熊本藩などに至っては、藩の統廃合や藩知事の辞職まで申し出る。

このような政局の動向に危機感を抱いたのが、長州藩から兵部省に出仕していた鳥尾小弥太《とりおこやた》と野村靖《のむらやすし》である。このままでは、御親兵という軍事力を背景にした薩長両藩による政治改革は頓挫してしまう。

よって、**薩長を中心とする今の政府が、先手を打って〝廃藩〟を即時実行しなければならない。**政局の主導権を握り、他藩による政権奪取の動きを封じなければならない。廃藩を実行すれば、「兵制統一により政府の軍事力強化をはかる」という年来《ねんらい》の悲願も一挙に達成できると考えたのだ。

同じく長州藩から兵部省に出仕していた少輔の山県有朋も、廃藩即時断行案に同意する。その理由は、鳥尾や野村たちと同じだった。

大蔵省に出仕していた井上馨も賛成した。井上にしてみれば、廃藩により藩領からの租税徴収も可能となって財政基盤が確立できる。廃藩による「中央集権化」が持論の木戸にしても反対の理由はなく、長州藩首脳部は廃藩でまとまる。七月六日のことである。

薩摩藩はどうか？

野村靖（国立国会図書館蔵）

当時、大久保は大蔵卿を勤めていたこともあり、井上と同じ考えのもと廃藩に賛意を示す。**「このまま何もせずに政府が瓦解するくらいならば、廃藩を断行して瓦解したほうが良い」**とまで考えていた。それほど、当時の政治空白を危機的状況とみていた。

だが、問題は薩摩藩の軍事力を握ってい

た西郷である。西郷の背後には、廃藩つまり薩摩藩の〝消滅〟に拒絶姿勢を崩さない久光がいた。

そもそも、久光は西郷が上京するにあたり、廃藩の議《ぎ》が起きるのを予想して、これに同意してはならないと約束させていた。このため、西郷の説得は難航《なんこう》が予想された。

ところが、七月六日に山県から廃藩即時断行案を告げられた西郷は、即座に同意する。ここに事態は急転直下。廃藩置県の断行は秒読《びようよ》みの段階に入る。

同九日、木戸邸で西郷・大久保・西郷従道・大山巌《いわお》と、木戸・井上・山県が会合を持ち、廃藩に不服《ふふく》の諸藩には断固たる処置を取ることが確認された。武力発動も辞さない。

翌十日、西郷・大久保・木戸の三者会談で、廃藩の発令《はつれい》日が十四日に決まる。十二日には、三条と岩倉に廃藩断行の方針が伝えられた。

十四日、在京中の知藩事五十六名が皇居大広間に集められ、天皇より廃藩置県の詔書が下った。知藩事は一斉に罷免され、東京への転居が命じられる。これにより全国は三府三百二県、その後の統廃合により三府七十二県に編制された。

名実ともに全国の土地と人民が政府の支配下に入り、中央集権国家が樹立されたのである。

## ❖西郷の真意――「政局の主導権」を握るには、早く先手を打つしかない

西郷が、久光との約束を反故《ほご》にしてまで廃藩置県に賛成した背景には、大久保と同じく政治空白に陥った政局への痛烈な危機感があった。廃藩置県直後の七月二十日、西郷は鹿児島の桂久武に送った書状で、廃藩に賛成した真意《しんい》を次のように説明している。

今回、尾張・鳥取・徳島・熊本藩などは、藩の統廃合や知藩事の辞職まで申し出てきた。天皇をトップとする中央集権国家、つまり廃藩による「郡県制」に移行させたい政府の意向を率先《そっせん》して提案している。

これに対し、版籍奉還を申し出て郡県制への道を開いた薩摩・長州・土佐・佐賀の四藩が、ただ手をこまねき傍観《ぼうかん》していては天下の嘲笑《ちょうしょう》を受ける。長州藩では知藩事の毛利元徳が辞表の草稿《そうこう》を作成したとも聞く。

**外国人からも、天皇をトップとする政府とは別に、藩という政府が各地に割拠《かっきょ》する現状を酷評《こくひょう》されていた。このままでは〝国体《こくたい》〟が確立できない。**

よって、今こそ廃藩を決断して郡県制に移行すべき時なのである。廃藩となれば藩主も藩士もなくなり、島津家との主従関係は消滅する。数百年にわたり家臣として島津家から受けた恩を考えれば、廃藩は忍びない決断だ。

だが、**郡県制への流れのなか、いくら「廃藩に反対」しても十年は凌げない。もはや廃藩への流れは人の力では止められない**。薩摩藩は版籍奉還の魁《さきがけ》をなしていながらここで廃藩に逡巡《しゅんじゅん》していては、勤王のために幕府を倒した趣意《しゅい》も成り立たない。

約七百年続いた鎌倉幕府以来の武家政治という旧習から、天皇親政の時代へと一挙に戻す以上、各地で異変が起きないとも限らない。しかし、朝廷では廃藩に不服の者は武力をもって討伐することに決した。確固たる決意のもと廃藩を命じたのであり、まったく動揺していない（『鹿児島県史料　忠義公史料』第七巻）。

西郷にしても山県たちと同じく、急進的な政治構想を主張する他藩の動きには強い危機感を抱いていた。だから、**先手を打って廃藩置県というクーデターを断行して〝政局の主導権〟を薩長両藩で握り、引き続き両藩で政権を維持しようと考えた**のである。

廃藩置県とは明治四年（一八七一）七月に入ってから、西郷たち薩摩・長州藩出身の政府首脳部の間で急浮上した計画だった。御親兵を差し出した薩摩・長州・土佐藩にも〝事後報告〟であったほどだ。

廃藩置県の詔書が下った翌日にあたる七月十五日、政府首脳は廃藩後の処置について討議を開始したが、議論百出《ひやくしゅつ》の状態に陥る。しかし、「異議を唱える藩は武力鎮圧する」との西郷の一言で議論は静まった。

ただし、寝耳《ねみみ》に水のこととはいえ、いずれ廃藩の時が来ることは政府や諸藩の間では共通認識になっていた。諸外国と対峙《たいじ》できる中央集権国家を樹立するには、郡県制つまり廃藩を実現しなければならなかったからである。自ら廃藩を申し出る藩も現れていた。

よって、廃藩の議に同意しないよう西郷に約束させた久光でさえ、いつかは廃藩が発令されると覚悟していた。だが、これほど**事態が〝急展開〟**するとは予測しておらず、そのぶん西郷への憎悪が増幅することになる。

廃藩は時間の問題だったが、政府が最も恐れたのは諸藩の反乱である。実際、廃藩が発令されたことで諸藩の動揺は避けられなかった。知藩事を罷免され東京居住が命じられた旧藩主を、そのまま県知事に任命して欲しいと請願《せいがん》する動きもみられたが、結果として廃藩は粛粛《しゅくしゅく》と進行し、反乱が起きることはなかった。

その理由としては、まず版籍奉還の意義が挙げられる。**政府が任免権を持つ「地方長官」という立場になっていた以上、罷免に異が唱えられる立場ではなかった。**もちろん、薩長土三藩から献納された御親兵の軍事力も大きい。反乱を起こせば、討伐される。

そして、莫大な藩の借財、士族への家禄支給は政府が肩代わりした。藩士たちの生活が引き続き保障されていたことは、実に大きかったのである。

## ❖花火に込めた久光の怒り——忠義も藩兵も、東京の「西郷の手の内」に

薩摩藩は廃藩置県により、知藩事の島津忠義が免職となり東京在住が命じられた。旧薩摩藩領は「鹿児島県」と「都城《みやこのじょう》県」に分けられ、少参事の大山綱良《つなよし》と権大参事の桂久武が各々《おのおの》参事に任命される。知事職が置かれなかったのは、島津家への遠慮だろう。

長州藩は「山口県」となり、幕臣だった中野梧一《なかのごいち》が参事に任命された。井上馨の推挙があったと伝えられるが、知事職が置かれなかった事情は薩摩藩と同様である。

廃藩の報が鹿児島に入ったのは、八月五日のことである。廃藩には賛成しないと約束した西郷が率先して廃藩を推し進めたわけであるから、久光の怒りは凄まじかった。事前の相談もなかった。

その夜、不満に耐え兼ねた久光は邸内で花火を打ち上げ、鬱憤《うっぷん》を晴らす。

薩摩藩内は意外と平静であった。というよりも、茫然自失《ぼうぜんじしつ》の状態だったようだ。**薩摩藩の主力が〝御親兵〟として政府に取り込まれ、廃藩置県を主導した西郷の手の内にあったことは大きかった。**

手足をもがれた形の久光としても、その怒りを花火に託《たく》するしかなかった。**忠義は西郷とともに東京にあり、人質に取られた格好でもあった。**これでは、藩内が結集して政府に戦いを挑《いど》むことなど到底できない。

しかし、藩内は平静だったとはいえ、廃藩を断行した西郷・大久保に対する視線には非常に厳しいものがあった。特に久光の憎悪は募る一方となる。西郷は言うに及ばず、かつての側近大久保への怒りも大きかった。

**廃藩置県により島津家との主従関係が〝消滅〟**した以上、旧藩士と久光の距離は次第に離れていく。だが、かつての主君筋にあたる以上、西郷や大久保たちはその意向を完全に無視することはできなかった。

こうした事情は、木戸たち長州藩士と毛利家の関係においても当てはまるが、久光が花火に託したような怒りは示さなかったようだ。そのぶん、木戸は西郷や大久保よりも恵まれていたと言えなくもない。

以後、久光は〝反政府的〟な言動を繰り返すようになる。政府首脳の西郷は矢《や》面《おもて》に立たされ、対応に苦慮《くりょ》するのである。

第四章

# 西郷隆盛率いる「留守政府」の大混乱

## ――政府大分裂の兆し

## (二)政府トップに立った「西郷の孤独」——中央集権国家への道

### ❖岩倉使節団の出発と留守政府——西郷が〝地方行政〟の実権を握る

廃藩置県が断行される前、政府内は制度改革や人事をめぐり紛糾していたが、明治四年(一八七一)七月十四日に廃藩置県が発令されると、ようやく改革の大綱《たいこう》が決まる。二十九日、中央官制《かんせい》の改革と新人事が発表された。

太政官のもとに正院《せいいん》・左院・右院が置かれた(太政官三院制)。正院は太政大臣・左大臣・右大臣・参議で構成され、天皇が親臨《しんりん》して万機《ばんき》を裁決する場である。

左院は立法について審議し、その議決を正院に上申する機関で、正院によって任命された議員で構成された。右院は各省の長官と次官で構成され、行政上の連絡・調整をおこなう役割を担った。

主な人事は以下のとおりである。太政大臣に三条実美、左大臣は欠員、右大臣に岩倉具視、参議に西郷隆盛・木戸孝允・板垣退助・大隈重信。左院議長に後藤象二郎、副議長に江藤新平。外務卿に岩倉具視、同大輔に寺島宗則《てらじまむねのり》、大蔵卿に大久保利通、同大輔に井上馨、兵部大輔に山県有朋（兵部卿は欠員）、文部卿に大木喬任《たかとう》、司法大輔に佐々木高行《たかゆき》。

　薩長両藩主導の廃藩置県当時、参議は西郷と木戸のみだったが、土佐藩から板垣、佐賀藩から大隈を加えることで**「薩長土肥《どひ》」四藩による政権運営を目指した格好**である。各省の長官と次官も、この四藩出身者がほぼ独占した。

「岩倉大使欧米派遣」（写真提供：PPS通信社）

　巨大な権限を持っていたのは、引き続き大蔵省である。明治二年に民部省と合併して内政全般を管轄したものの、その広範な権限を背景に近代化路線を強行したことで批判を浴び、民部省が分離されるに至った経緯は述べた。

　だが、今回の官制改革では再び大蔵省と合併する。「廃藩置県後の内政を円滑に遂行するには、地方行政を管轄する民部省を統合することが不可欠」という井上の主張を大久保が呑《の》んだのだ。**大久保は巨大官庁となった大蔵省のトップに立ち、内政の実権を握る。**

この中央官制改革の直後、参議の大隈が条約改正交渉のため、欧米諸国に使節を派遣することを建議する。幕府が安政《あんせい》五年（一八五八）に結んだ通商条約の改定期限が、翌明治五年（一八七二）に迫っていた。

いわゆる安政の五ヶ国条約は関税《かんぜい》自主権がなく、領事《りょうじ》裁判権を認めている点で不平等条約だったことは、歴史教科書では定番の記述である。明治政府にとり、その改正は急務の課題となっていた。

大隈の発議《ほつぎ》が契機となり、条約改正の準備交渉のほか、海外の諸制度や文物《ぶんぶつ》の視察調査も目的とする使節団（岩倉使節団）の派遣が決まる。岩倉が特命《とくめい》全権大使、木戸、大久保、工部大輔の伊藤博文、外務少輔の山口尚芳《なおよし》が副使で、官吏や留学生を合わせると総勢百名を超える使節団だ。

明治四年十一月十二日に岩倉使節団は横浜を出航し、最初の訪問地アメリカへ向かった。十ヶ月半で欧米諸国を廻《まわ》る予定だったが、改正交渉の不手際などにより、実際に使節団が帰国したのは六年（一八七三）九月のことになる。

政府首脳の多くが長期間にわたり日本を不在にしている間は、三条、参議の西郷・大隈・板垣たちが留守《るす》を預かった。これを「留守政府」と称する。留守政府と使節団との間では、重要案件は連絡を取り合い、新規の改革はなるべく抑制することが申し合わされた。

**筆頭《ひっとう》参議の西郷は大久保不在の間、大蔵省事務監督を兼任した。名実ともに内政の実権を握ったことで〝留守政府のトップ〟に立つ**が、大蔵省は地方行政も管轄しており、廃藩置県後の各県政《けんせい》にも責任者として関与する。

## ❖三大改革の断行——廃藩の流れに〝逆行〟する動きは力でねじ伏せる

西郷は留守政府のトップとして、学制《がくせい》・徴兵令《ちょうへいれい》・地租改正《ちそかいせい》という三つの大きな改革に取り組む。俗に**「維新の三大改革」**と称される近代化政策である。

佐賀藩出身の大木をトップとする文部省は、四年十二月に学制取調掛《とりしらべがかり》を置いた。翌五年（一八七二）八月には欧米諸国の学校教育制度にならって学制を発布《はっぷ》する。国民の知識水準を高めるため、すべての国民に教育の機会を与えることを目的に、小学校を全国に設立したのだ。その数は二万校以上にも達した。

山県をトップとする兵部（陸軍）省も、四年十二月に欧米諸国の軍制をモデルとして徴兵制度の採用を建議し、国民皆兵《かいへい》による政府軍の創設を目指す。徴兵令が公布されたのは六年一月で、身分に関わりなく満二十歳以上の男子は兵役の義務を課された。

西郷が事務監督を勤める大蔵省も財政の安定を目指し、地租改正の作業を進めた。六年七月には地租改正条例を公布する。

従来は農民から年貢《ねんぐ》として主に米を徴収していたが、豊凶《ほうきょう》により年貢量すなわち歳入は不安定にならざるを得なかった。よって、農民の土地所有権を認めて地価が記された地券《ちけん》を発行した上で、豊凶に関係なく地租を地価の三パーセント（後に二・五パーセント）と定め、現金で納《おさ》めさせた。これにより、政府は歳入を安定させることが可能となる。

廃藩置県の断行により、地方行政機構も整備される。これにしても近代化政策の一環に他ならない。

四年十月二十八日制定の府県官制《ふけんかんせい》により、府・県知事（十一月二日に県知事は県令《けんれい》に改称）以下、上級官員の任免権は太政官が握る。下級官員の任免権は知事にあったものの、事後報告が義務付けられた。

十一月二十七日公布の県治条例《けんち》では県令の権限を定め、県内の広範な行政責任を負わせた。県令は、県の専決《せんけつ》事項でも関係する中央各省に事後報告する義務があったが、大蔵省には所管《しょかん》以外の事項でも報告しなければならなかった。**各府県が中央政府、特に〝大蔵省の強い影響下〟に置かれたことが分かる。**

府知事や県令が任命されたのは、三府七十二県への統合が完了された後である。府知事・県令が欠員の場合は、参事がその職務を代行した。

大半の府県では、他藩出身者が府知事・県令に任命された。旧藩勢力を排除して中央集権国家の実《じつ》を挙げるには、そのほうが望ましかったからである。

幹部職員にも他県出身者を送り込み、旧藩の影響力を削《そ》ごうとはかるが、一部の県では旧藩出身者が県令や参事に任命される。具体例としては、鹿児島県のほか高知・佐賀・熊本・鳥取・岡山・福井県などが挙げられる。鹿児島県では、薩摩藩少参事だった大山綱良が参事に補《ほ》されており、明治政府を支えてきた諸藩には配慮した格好だ。

ただし、**知藩事が県令に任命された例はない**。そのまま県令に任命して欲しいという動きは各所でみられたが、政府は断固として拒否する。例えば、廃藩置県直後の四年八月四日に、「武一《ぶいち》騒動」と呼ばれる大規模な農民一揆が広島で起きる。

この日、旧知藩事の浅野長訓《あさのながみち》が東京に向けて広島城を出立しようとしたところ、城門前に農民たちが集まり広島に留まるよう求めたため、城内に引き返さざるを得なかった。引き続き、広島県政を担当していただきたいというわけである。

これをきっかけに、広島県全域で農民たちが蜂起し、豪商や村役人宅が襲撃された。廃藩により涙銀が支給されたものの、村役人が着服している。これから年貢が増徴《ぞうちょう》されるのではないかという流言《りゅうげん》のほか、外国人への恐怖感も広がり大恐慌に陥った結果、一揆に発展したのだ。

**こうした廃藩の方針に〝逆行〟する動きを、政府は力でねじ伏せる。**中心人物である武一（森脇《もりわき》武一郎）はじめ九人が死刑となったが、似たような一揆は高知・姫路・松山《まつやま》県などでも起きる。首謀者は同じく断罪《だんざい》に処せられた。

## ❖久光のもとに集まる不満分子——〝政府首脳〟の出身県で反政府活動

西郷はじめ政府首脳が最も危惧したのは、薩摩藩の動向である。意外に平穏《へいおん》で広島藩のような騒動も起きなかったが、西郷の背信《はいしん》行為に怒りを隠そうとしない久光の動向は〝悩みの種〟だった。

廃藩置県を機に薩摩藩権《ごん》大参事から都城県参事に転じた桂は、八月十七日付の西郷宛書状で久光の様子を次のように伝えていた。

急に機嫌が悪くなり、側近《そばちか》くに仕える医師や奥女中《おくじょちゅう》たちに当たり散らすありさまだ。桂たち旧臣の接見も差し止められており、当惑の至《いた》りである。

久光に言わせると、西郷・大久保をはじめ薩摩藩士で政府に出仕している者は少なくない。だから廃藩の議が起きても、藩に関係する事柄《ことがら》であるからと言って評議の場から逃げてしまえば、政府も廃藩を断行できなかったはずだ。桂たち薩摩藩の参事にしても、廃藩阻止のため尽力する機会はいくらでもあったはずだが、傍観していただけではないか。

**西郷にせよ桂にせよ、その所行は薩摩藩を売るに等しい。島津家への恩義を知らない不忠者《ふちゅうもの》と糾弾した**のである（『玉里《たまざと》島津家史料』六、鹿児島県、一九九七年）。

久光が反感を抱いたのは、何も廃藩置県だけではない。文明開化の名のもとに、西郷たちが実行した近代化政策にも怒りを露《あら》わにしていた。

久光は側近たちを相手に鬱憤《うっぷん》を晴らすだけで、廃藩に抗議して何らかの行動に出る気配はなかった。だが、西郷に批判的な旧薩摩藩士たちが久光のもとへ集まりつつあったことに、西郷は神経を尖らせる。

高崎正風（国立国会図書館蔵）

　西郷や大久保は、下級藩士の出身でありながら藩を牛耳り、政府の首脳部にまで登り詰めた。一方、門閥層に代表される上級藩士たちは、その過程で藩の中枢から追われ、廃藩置県で藩という拠《よ》り所も失った。

　異数《いすう》の出世を遂げた西郷たちに、彼らが羨望の眼差《まなざ》しを向けるのはごく自然な感情だろう。つまり、当時は反西郷の旧藩士たちが久光のもとに結集して気炎《きえん》を上げ、西郷が首班《しゅはん》を勤める政府の近代化政策を批判していたのである。

**政府首脳の出身県で、反政府の動きが起きるのは由々《ゆゆ》しき事態だ。**

　西郷の立場を慮《おもんぱか》った桂は、不満を募らせる久光側近たちを仲介して政府に出仕させたり、県庁で登用する。高崎五六《ごろく》や高崎正風《まさかぜ》を政府に出仕させ、伊地知貞馨《さだか》や奈良原繁《しげる》を県庁に入れた。政府や県に取り込むことで、人事に対する不満を和《やわ》らげようとはかる。

　十二月十一日、西郷は桂に送った書状で、一連の人事に感謝の意を表する（『大西郷全集』第二巻、平凡社、一九二七年)。自分を批判する不満分子に攻撃の材料を与えず、事前に不満の芽《め》を取り除こうと奔走してくれたからだ。

しかし、久光の憤懣《ふんまん》は収まらなかった。

## ❖「鹿児島県令」を望む久光――大蔵省トップの〝西郷の家臣〟になる?

廃藩置県直後は、邸内で花火を打ち上げたり、側近くに仕える医師や奥女中たちに当たり散らしたり、旧臣の接見を差し止めることで鬱憤を晴らしていた久光だったが、十二月に入ると、西郷を困惑させる行動を開始する。

廃藩に怒りを隠さない久光は参事など県の官吏に接見を許可しなかったが、急に風向きが変わる。四年十二月初め、伺候《しこう》してくるよう県に連絡が入った。

参事たちは、久光の逆鱗《げきりん》に触れるのではという覚悟で参上する。平生《へいぜい》とは違って意外にも丁寧な態度だったが、これには裏があった。

鹿児島県令への就任を希望する意志を伝え、その旨《むね》政府に周旋して欲しいと依頼してきたのである。想像もできなかった久光の申し出に、参事たちは驚愕《きょうがく》する。

**鹿児島県令とはかつての薩摩藩主に相当するが、廃藩後は大蔵省の下役《したやく》のような**

**身分に過ぎなかった。久光が大蔵省のトップに立つ〝西郷の家臣〟になるようなものだった。**

あまりにも不釣《ふつ》り合いな人事であり、政府に願い出たところで到底許可されないと言葉を尽くして翻意《ほんい》を促したものの、久光は聞く耳を持たなかった。何としても、自分の願いを取り次ぐよう強く求める。

止むなく、「鹿児島県の県令に任命して欲しい」との久光の建白書を、参事の大山綱良が作成した。そして、大迫貞清《おおさこさだきよ》を上京させる。

だが、政府が建白書を受理して久光を県令に任命しては、久光の前例を楯《たて》に旧藩主が旧領の県令に任命して欲しいと嘆願《たんがん》してくることが予想される。いったん久光の県令就任を認めてしまえば、政府はこれらの嘆願を拒絶できなくなる。

**ついには、「藩の復活」が現実のものとなりかねない。廃藩により名実ともに樹立された中央集権国家は、たちまちのうちに瓦解するだろう。**

鹿児島県としては、久光の逆鱗に触れることを恐れて建白書の作成までは妥協したが、政府が受理してもらっては困る。そもそも、久光に県令に就任されては、県政が混乱するのは火を見るよりも明らかだった。

一方、西郷が首班の政府にしてみれば、自分の首を絞《し》めるような内容の建白書である。到底受理できる内容ではない以上、そんな建白書を提出されては扱いに困るのが正直なところである。

よって、西郷は太政大臣の三条に大迫を説諭してもらい、建白書提出を断念させる。自分が表に出ては話がこじれるため、三条をして久光の嘆願を阻んだのだ（『大西郷全集』第二巻）。

西郷は五年二月十五日付の大久保宛書状で、久光が鹿児島県令就任を求めた一連の顚末《てんまつ》について長々と書き連ねている。当惑と苦渋《くじゅう》に満ちた文面であり、ほとほと閉口《へいこう》した西郷の顔が浮かんでくる。

ここに至り、西郷も久光をそのまま捨てて置けなくなった。政府を困惑させる政治行動に出ないよう、早急に手を打たなければならない。いつ、久光がまた揺さぶりを掛けてくるか分からないからだ。そこで、究極の方法を考えつく。

**天皇の〝鹿児島行幸《ぎょうこう》〟という秘策であった。**

## (二)久光からの糾弾――維新前の〝封建の世〟の風習に戻せ

### ❖「鹿児島行幸」と久光の慨嘆――天皇の〝洋服姿〟にショックを受ける

西郷は言うに及ばず、政府も久光の言動には頭を悩ませていた。版籍奉還後に賞典禄や官位をもって慰撫《いぶ》したものの、固辞に遭う。廃藩後の四年九月十三日には再び従二位《じゅにい》に進めたものの、その姿勢は変わらなかった。

廃藩置県により旧藩主は東京在住が義務付けられたが、久光は鹿児島にとどまる。**事実上の藩主**であったことから、政府は東京転居を望んだが、久光は病気と称して鹿児島を動かなかった。

そのため、政府は「西国巡幸《じゅんこう》」という形で天皇を鹿児島に向かわせようと考える。**廃藩や政府の開化政策に憤《いきどお》りを隠そうとしない久光を直接慰撫し、東京転居を促そうと目論む。**

明治五年(一八七二)五月二十三日、天皇は皇居を出発して西へ向かった。西郷、弟で陸軍少輔の従道、海軍少輔の川村純義、宮内卿・徳大寺実則《とくだいじさねつね》、宮内少輔・吉井友実《よしいともざね》など総勢七十人近くが随行した。

天皇は父の孝明《こうめい》天皇陵《りょう》や伊勢神宮を参拝した後、九州に渡る。そして長崎・熊本を経て、六月二十二日に鹿児島へ入った。西郷にとっては、廃藩置県後はじめての鹿児島だった。

旧鹿児島城本丸に設けられた行在所《あんざいしょ》で、久光は天皇に拝謁する。久光は古式に則《のっと》り衣冠束帯《いかんそくたい》姿で参上したのに対し、**天皇は洋服姿だった**。久光は慨嘆《がいたん》し、開化政策への怒りを増幅させる。

この時、久光にはある目的があった。天皇の鹿児島行幸を捉えて時弊《じへい》を言上《ごんじょう》し、一連の開化政策の再考を促そうと考えていた。

しかし、その後、久光に拝謁の機会は与えられなかった。西郷たちが久光の意図を察《さっ》したのだろう。

久光の憤懣は高まるが、火に油を注ぐことになったのが、西郷たち旧臣が島津家の家政を預かる家令《かれい》役所には赴いたものの、自分には挨拶《あいさつ》にも来なかったことである。

西郷たちとしては、今回は天皇行幸への随行という公務での帰藩だった。久光への挨拶はあくまで私事《しじ》であるから遠慮したのかもしれないが、久光にしてみれば主君への恩義を忘れた振る舞いに他ならない。

天皇の鹿児島滞在中、久光は十四箇条の建白書を書き上げる。二十八日、宮内卿の徳大寺に提出した。一連の開化政策に強く疑問を呈する内容だったが、徳大寺に面会した久光は、**西郷と大久保を強く批判する。特に西郷の罷免《ひめん》を要求し、それなくして自分の上京はないと明言。**徳大寺と大激論になる。

久光は建白書に対する天皇からの質問を期待したが、徳大寺からは何のアクションもなかった。七月二日、天皇は鹿児島を出立し、海路《かいろ》神戸へ向かってしまう。

徳大寺としては、国是とする開化政策に疑問を投げかける建白書は受理できない。まして、政府首脳たる西郷・大久保の罷免など受け入れられないが、むげに受け取りを拒否すれば久光の憤懣が爆発する。反政府的な言動がエスカレートするだろう。

よって建白書は受け取ったものの、久光との接触をこれ以上避けるため、天皇を奉じて慌《あわ》ただしく鹿児島を去る。結局のところ、鹿児島行幸という〝奇策〟は失敗に終わった。

## ❖鹿児島に呼び戻された西郷——久光からの「十四箇条の詰問状」に茫然

西郷は久光に一度も挨拶をすることなく、天皇とともに鹿児島を去る。久光を慰撫するどころか、その怒りを増幅するだけに終わったが、事態はこれでは収まらなかった。

**久光は東京に戻った西郷に対し、帰国を強く求める。十四箇条の建白書を提出した徳大寺に対しては、その採否《さいひ》の通知がなければ上京しないと申し立てた。**

政府としてはとても採用できなかったが、建白書を却下すれば久光の怒りが爆発するのは明らかであり、採否の通知ができなかった。事態は暗礁《あんしょう》へと乗り上げる。ここに至り、西郷は帰国を決意する。鹿児島では久光からの詰問《きつもん》状が待っていた。

明治五年十一月、西郷は帰国した。

久光の執事《しつじ》を通して面会を申し出たところ、帰国理由を書面にして提出するよう指示される。天皇の鹿児島行幸の際、久光のもとに挨拶に出向かなかったことへの謝罪の気持ちを、文章にして差し出せというわけだ。

止むなく、西郷は次のような趣旨の謝罪文を執事宛に提出する。

島津久光公像（鹿児島市）

鹿児島行幸に随行したおり、久光のもとにご機嫌伺《うかが》いに参上すべきところ、等閑《とうかん》に付したのは今までの大恩を忘却した所行《しょぎょう》だった。実に恐懼《きょうく》の至りである。このたび、その罪を償《つぐな》うため帰国したという趣意をお伝えいただきたい。

翌日、西郷は久光に呼び出された。鹿児島県大参事の大山綱良とともに参上したところ、**久光はこれまでの西郷の言動に関する十四箇条の詰問状を突き付け、釈明《しゃくめい》を要求した。**内容は多岐《たき》にわたったが、主な内容は次の二点に集約できる。

第一点目は、西郷が島津家の家臣であるにも拘《かかわ》らず、その許可を得ずして高い位階に進んだり、政府高官の座に就いたことが糾弾されている。なぜ、藩の許可を得ることなく高位高官に就いたのか？

版籍奉還後、西郷は正三位を授けられ、官位では従三位の旧藩主・忠義を上回る。廃藩置県前には、薩摩藩の大参事を勧めていながら政府に出仕して参議に補せられた。これらのことが俎上《そじょう》に載せられたのだ。

　第二点目は、戊辰戦争の凱旋兵たちが戊辰戦争での軍功を楯に、門閥層の藩政からの排除などを唱えて藩当局を突き上げたことである。藩内は沸騰し、藩政も混乱した。

　その頃、西郷は日当山《ひなたやま》温泉で隠遁者のような生活を送っていた。久光に言わせると、本来ならば凱旋兵たちを抑えて騒ぎを鎮静化させるべきところ、これを放置した。

「鹿児嶋明暗録 西郷隆盛 狩猟姿」（提供：PPA/アフロ）

　当時、西郷には凱旋兵を陰で操り扇動していた風評があるが、これは虚説《きょせつ》などではない。**風評どおり、凱旋兵を扇動した〝黒幕〟だったのだろう**と問い詰めたのである。

　さらに一連の近代化政策も否定した上で、政府首脳部としての責任も厳しく追及した（『玉

里島津家史料』六、鹿児島県、一九九七年)。

西郷は数々の糾弾に茫然《ぼうぜん》とする。

こうした久光の怒りに、西郷がどう対応したかは分からないが、そのまま東京には戻れなかった。その怒りを鎮めて、東京に上京させるための地ならしをすることが、今回の帰国の目的だったからだ。

結局、西郷が東京に戻ったのは翌六年四月五日のことである。西郷の鹿児島滞在は四ヶ月近くに及んだ。

## ❖「鹿児島入り」した勝海舟に救われる――〝久光の上京〟で西郷も解放

久光が重い腰を上げて上京の途に就いたのは同十七日のことだが、西郷が長きにわたって鹿児島を動けなくなっている間に、東京では留守政府内の対立が深刻化する。予算配分をめぐる大蔵省と各省の対立が激化したのである。

こうした政権内部の紛争を調停することも、筆頭参議たる西郷の役目だった。しかし、東京を長期にわたり不在にしたため有効な手が打てず、事態は深刻度を増す。

西郷は参議の筆頭で大蔵省の事務監督を兼ねるほか、近衛都督《このえととく》で陸軍元帥《げんすい》でもあった。近衛都督とは、御親兵改め近衛兵を統轄する軍事職であり、いわば政府軍の最高司令官だ。

**「政府と軍の最高責任者」が半年近くも東京を離れているのは、異常事態に他ならない。**そのことだけでも**大きな〝政治空白〟をもたらす**のは明らかであり、政府の混乱が収まらないのは至極当然のことだった。

事態を憂慮した太政大臣の三条は、西郷に帰京を促す。久光を上京させることができれば、西郷は東京に戻れる。政府の混乱も収められるはずである。

三条実美（国立国会図書館蔵）

西郷にしても、自分が事務監督を勤める大蔵省と各省の対立は放置できなかった。東京に戻りたいのはやまやまだったが、久光の怒りを鎮めて上京の地ならしをすることが帰国の目的である以上、久光が上京を承諾しない限り、鹿児島からは動けなかった。

窮した三条は、西郷が帰京できる環境を

整えるため、久光に上京を促す勅使の派遣を決める。侍従《じじゅう》・西四辻公業《にしよつつじきみなり》を勅使として鹿児島に向かわせた。

さらに、**海軍大輔の勝海舟をして水面下で久光を説得させる**。久光にも顔が利き、交渉術に長けた海舟の手腕に期待したのだ。

三月二十二日、勅使の西四辻は勅書《ちょくしょ》をもって久光に上京を促す。一方、勅使とは別に鹿児島入りした海舟は久光のみならず、側近たちへの説得を展開する。上京を促す勅書に加えて海舟の説得も相まって、久光も上京を承諾した。これにより、西郷は東京に戻れることになる。

西郷の政務復帰により政府部内の紛争は収束する。**海舟が〝助け舟〟を出して、西郷と政府の苦境を救った形だった。**

しかし、東京での久光の言動は、西郷にとり新たな悩みの種となる。

## ❖久光、鹿児島県士族を率いて上京――「開化政策」に抗議の意を示す

四月十七日、久光は鹿児島県の士族二百五十人を連れ、鹿児島を立った。随行させた士族たちは頭に髷《まげ》を結《ゆ》い、腰には大刀《だいとう》と小刀を差《さ》していた。

廃藩置県直後にあたる四年八月九日に、政府は開化政策の一環として、髷を結わず散髪《さんぱつ》にしても構わない、士族は刀を差さなくても構わないという法令を出していた。散髪脱刀令《だっとうれい》である。

髷を結うことが禁止されたわけではなかったが、文明開化の時流を背景として東京を中心に散髪姿が増えていた。六年（一八七三）三月には、天皇も散髪した。その直後、久光一行が髷を結った姿で東京に登場したわけだ。久光の意図は明らかだろう。

刀については、すでに政府部内で帯刀《たいとう》禁止が検討されていたが、士族の反発を考慮して先送りされた経緯があった。廃刀令《はいとうれい》という形で帯刀が禁止されるのは、明治九年（一八七六）三月二十八日のことである。久光上京時の段階では、帯刀しても咎《とが》められることはなかった。

とはいえ、**あえて明治維新前に舞い戻ったかのような姿の士族たちを随行させて東京に現れたのは、開化政策に対する〝抗議の意〟を示すためだった。**もちろん、久光も同じ姿である。終生《しゅうせい》、久光は散髪にすることなく髷を結っていた。

文明開化の象徴である東京で、時流に逆行した姿の久光一行が登場したことは大評判となる。西郷は苦笑せざるを得なかった。

五月三日、久光は皇居に参内して天皇に拝謁した。十日には麝香間祗候《じやこうのましこう》を命じられる。皇居内に置かれた麝香間に隔日《かくじつ》で伺候し、国事の諮問《しもん》に応じることになった。麝香間祗候を命じられたのは華族、維新の功労者たちだが、一種の名誉職に過ぎず政治への影響力は有名無実《ゆうめいむじつ》なものであった。

政府としては久光に麝香間祗候を命じることで、鹿児島には戻らせず事実上の東京転居を実現させてしまおうと目論んでいた。だが、久光は麝香間祗候という立場に甘んじなかった。

六月二十二日、前年六月に徳大寺実則宛に提出した十四箇条の建白書の注釈書《ちゆうしやく》を提出した。天皇からの諮問を待ったものの、依然として建白書は棚晒《たなざら》しのままに置かれる。

開化政策に邁進《まいしん》する政府を批判する趣旨である以上、その内容は受け入れられなかったが、相手が久光であるため、むげに却下することもできない。当面は注釈書を受理することでガス抜きをはかり、時間を稼《かせ》ぎながら不満の沈静化をはかる。

三条が洋行《ようこう》中の岩倉に向けて送った書状によれば、久光は三条に対し、維新前の封建の世の風習に戻すことを求める一方、旧臣の西郷が筆頭参議、吉井友実も宮内少輔として天皇の側近く仕えていることに強い不快感を示した。暗《あん》に西郷や吉井の排斥《はいせき》を求める（『岩倉具視関係文書』五、東京大学出版会、一九六九年）。

しかし、三条としては久光の言動は想定内のことであり、さほど危機感は抱いていなかった。それだけ、東京転居を実現した意味は政府にとり大きかった。**東京に在住させていれば、「野に放たれた虎《とら》」になることもなく、その言動が監視できる。**憤懣は聞き流せばよい。髷を結い、腰に二本《にほん》差しの鹿児島県士族を随行させたことは物議《ぶつぎ》を醸《かも》したが、政府への不満を世間に向かって直接示すことはなかった。

ただし、鹿児島県士族たちの動向は、西郷には不安の種だった。

政府首脳にまで登り詰めた西郷の異数の出世、そして近代化政策に反感を持つ旧薩摩藩士すなわち鹿児島県士族たちは、**久光を後ろ盾に〝反西郷党〟のようなグループを県内で形成していた。**その頭目《とうもく》は、久光の側近である伊地知貞馨、奈良原繁、内田政風《うちだまさかぜ》たちである。

久光の東京転居には、反西郷党と切り離す思惑も秘められていたが、彼らの間では**政府転覆や西郷暗殺も謀《はか》られているとの俗説《ぞくせつ》**もあった。本当に政府転覆、西郷暗殺が謀られたかは定かではないが、西郷はその疑いを拭《ぬぐ》い切れず、ポリスを密偵《みってい》として放つ（『大西郷全集』第二巻、平凡社、一九二七年）。

ポリスとは東京の治安維持のため、廃藩置県後に各府県から徴募《ちょうぼ》した者たちである。ポリス三千人のうち、二千人が鹿児島県士族だった。警察業務のほか全国に密偵として放たれ、情報収集や探索《たんさく》業務に当たった。

政府トップであるがゆえの苦悩により心身が消耗し、西郷は疑心暗鬼《ぎしんあんき》に陥ったのである。

## (三)留守政府内の「権力闘争」――予算要求、汚職、司法のメス

### ❖山県有朋と「山城屋事件」――〝旧藩士〟の近衛兵が不満を爆発

西郷は出身母体である旧薩摩藩そして島津久光との関係に苦しむが、政府部内の混乱にも苦しめられていた。これにしても、心身が消耗する大きな原因となっていく。

日本最初の徴兵検査（明治７年）。襟に名札を下げている（写真：近現代PL/アフロ）

明治五年七月二日、西郷は久光に挨拶することなく、天皇を奉じて鹿児島を去り神戸へ向かったが、その途中、急報が入る。天皇の直属兵である近衛兵が、東京で騒ぎを起こしたのだ。西郷は天皇一行と離れ、急ぎ東京に戻る。

近衛兵とは、薩摩・長州・土佐三藩が献納した天皇直属の御親兵のことであり、この年の三月九日、近衛兵と改称されていた。近衛兵を統括する都督は陸軍大輔・山県有朋が兼務した。

ところが、山県と近衛兵の間で紛争が勃発する。

当時、山県は徴兵制度に象徴される兵制改革を推し進めていたが、改革は

山県有朋（国立国会図書館蔵）

近衛兵にも向けられる。**近衛兵にしても三藩から献納された〝旧藩士〟ではなく、徴兵令に基づき、身分の別に拘らず兵役の義務に就かせた兵士**で編制しようとしていた。

切り捨てられる側の旧藩士は面白くない。帰国する兵士も多かった。

そうした折、陸軍省出入りの御用《ごよう》商人で貿易商・山城屋和助《やましろやわすけ》に対する多額の公金《こうきん》貸付が表面化する。近衛兵たちは騒ぎはじめ、山県に都督の辞職を迫った。いわゆる「山城屋事件」である。

山城屋の前名は野村三千三《のむらみちぞう》といい、高杉晋作亡き後に山県が総督を勧めた奇兵隊の隊士だった。

明治に入ると、商人に転身して山城屋和助と名乗る。横浜で外国貿易のための店を構えたが、山県との縁故《えんこ》で兵部省そして陸軍省に御用商人として出入りし、巨利《きょり》を得る。その裏では、何かと便宜を図ってくれた山県に巨額の献金をおこなっていたことは想像するにたやすい。要するに賄賂《わいろ》である。

明治五年、生糸市場に参入するため山県を通じて多額の陸軍公金を借り受けたが、折しも生糸価格が暴落したため返済の目途が立たなくなる。貸付の便宜をはかった山県は近衛兵に責任を糾弾され、近衛都督と陸軍中将の辞職に追い込まれていく。

この騒ぎの急報が、天皇に随行中の西郷のもとに入ったため、急ぎ東京に戻ったのだ。

東京に戻った西郷は〝山県排斥〟を唱える近衛兵を抑え込むため、自ら都督の地位に就く。七月十九日のことである。そして、陸軍元帥に就任した。軍のトップとして山県が進めた兵制改革を受け継ぎ、徴兵令発布を実現させる。

山城屋は山県との癒着《ゆちゃく》を追及されていたが、十一月二十九日に陸軍省内で割腹《かっぷく》自殺して果てる。死人に口なしとなり、この事件の真相は闇から闇に葬《ほうむ》られる。山県の責任もうやむやとなる。

しかし、西郷が近衛都督に就任した後も陸軍省内の動揺は収まらなかった。**批判はあったとはいえ、山県なくして陸軍省はうまく機能《きのう》しなかったのである。**

翌六年（一八七三）六月八日、西郷は山県を陸軍卿に進ませ、弟の従道を大輔として補佐させる人事を断行する。従道を分身として山県を補佐する体制を構築することで、陸軍内の動揺を収束させようとはかった。なお、五月八日に陸軍元帥が廃止されたため、西郷は近衛都督を兼務したまま陸軍大将となる。

## ❖〝全面戦争〟の様相——「予算増額要求」をめぐる大蔵省と各省の対立

西郷は東京に戻って近衛都督に就任した後、久光に呼び出される形で再び鹿児島に向かう。その後、五ヶ月近くにわたって東京を留守にしたが、西郷不在中、政府内では大蔵省と各省の関係が険悪《けんあく》化していく。

留守政府は学制・徴兵令・地租改正という維新の三大改革を推進したが、近代化政策を推進したのは何も文部・陸軍・大蔵省だけではない。各省が争うように新規事業を企画した。**いきおい、大蔵省に対する予算増額の要求は激しさを増す。**

大蔵省は外遊中の大久保の代理のような形で西郷が事務監督を勤めたが、実際に省内を切り盛りしたのは大輔の井上馨である。少輔事務取扱として井上を補佐したのが、第二章で登場した幕臣出身の渋沢栄一だった。

財政整理に迫られていた井上・渋沢は、各省からの予算要求に大鉈《おおなた》を振るったため、各省と激しく衝突した。とりわけ、佐賀藩出身の司法卿・江藤新平を戴《いただ》く司法省との対立は激しかった。

この年の冬、司法省は各府県への裁判所設置関連予算として九十万円超を要求した。江藤は府県に裁判所を設置することで、裁判権を府知事や県令から司法省に移《い》管《かん》させようと目論んでいた。府知事や県令は大蔵省の管轄下にあり、この予算要求には大蔵省と司法省の〝管轄争い〟という側面もあった。

だが、大蔵省はその半分の予算しか認めず、司法省は猛反発する。井上と江藤の二人が、普段より仲が悪かったことで両省の関係はさらに悪化した。**両省の対立は〝全面戦争〟の様相を呈し、六年一月二十四日に江藤は辞表を提出する。**

司法省だけではない。文部省なども学校建設関連予算を削られたため、大蔵省批判を強めるが、井上は各省からの予算増額要求を頑《がん》として認めなかった。次第に大蔵省と各省の対立は抜き差しならないものとなり、政治問題化していく。

参議の板垣や大隈たちは、正院の経費を流用することで江藤を慰《い》留《りゅう》し、辞意を撤回させようとはかる。ところが、今度は井上が板垣たちの対応に猛反発し、政府内の混乱は一層深まっていく。

こうした政府内部の紛争を調整することも、筆頭参議たる西郷の役目だった。しかし、東京を長期不在にしていたため有効な手が打てず、事態は深刻度を増す。

西郷が東京に戻ったのは、六年四月五日のことである。すぐさま、政府内の調整に乗り出した。

同十九日、司法卿の江藤、文部卿の大木喬任、左院議長の後藤象二郎を参議に登用し、参議により構成される正院の基盤を強化した。その上で、五月二日に太政官制を改正して〝正院の決定権〟を拡大し、各省への介入を可能とする。

これにより、参議（正院）は巨大な権限を持つ大蔵省をコントロールできるようになった。西郷は大蔵省事務監督を辞めて参議の大隈を同事務総裁に充て、事実上の後任としたが、大蔵省を切り盛りしてきた井上は強く反発する。

さらに、各省からの予算増額要求を認めないとする大蔵省の具申《ぐしん》が、正院の会議で却下される。憤激した井上は大輔の職を辞し、渋沢も殉《じゅん》じる形で大蔵省を去る。五月十四日のことである。

以後、渋沢は実業家として日本の近代化を実践することになる。

## ❖司法卿・江藤新平が〝台風の目〟となる──「薩長土肥」の内部抗争

留守政府内で大蔵省を取り仕切る井上への反発は大きかったが、その急先鋒《きゅうせんぽう》だった江藤からは「汚職事件」の当事者としても糾弾されていた。尾去沢銅山事件《おさりざわどうざん》である。

**江藤は兼ねてより〝薩長両藩〟出身者の専横《せんおう》ぶりを苦々しく思っており、司法卿の立場を活用することで、長州藩出身の政府高官にダメージを与える。**

先に取り上げた山城屋和助事件は陸軍省の汚職事件であり、陸軍大輔で近衛都督の山県有朋は一時失脚するが、山県を糾弾したのは配下の近衛兵だけではない。江藤の糾弾を受けたことも相まって、山県は窮地に追い込まれたのだ。

江藤新平（国立国会図書館蔵）

尾去沢銅山事件は、盛岡《もりおか》藩御用商人だった村井茂兵衛《むらいもへえ》所有の出羽《でわ》尾去沢銅山を大蔵省が没収したことが発端だった。井上は尾去沢銅山を村井から取り上げただけでなく、出入りしていた岡田平蔵《おかだへいぞう》という商人に安く払い下げ、事実上私物化する。

憤激した村井が司法省に訴え出たことで、江藤は井上の取り調べを開始した。身柄を拘束しようとするが、政府内の長州藩出身者たちの抵抗に遭い、井上を摘発《てきはつ》することはできなかった。

江藤は山県、井上たち長州藩出身の政府高官を失脚に追い込むことで、長州藩にダメージを与えようとしていたが、第一章でも登場した京都府権大参事の槇村正直《まきむらまさなお》にも目を付けた。

「京都再生」に尽力した人物として名を残す槇村は、同郷の木戸孝允に抜擢されて府政を担当したが、明治六年に起きた小野組《おのぐみ》転籍事件では、当事者として司法省に身柄を拘束される。

小野組は京都に本拠を置く江戸以来の豪商であり、三井や大丸《だいまる》と肩を並べるほどの経済力を誇っていた。明治政府が誕生すると大蔵省や各府県の為替方《かわせかた》を勤め、御用商人として時代の転換期を乗り越える。

しかし、三井などとは違って明治に入るまで東京には出店しておらず、政府の御用を勤める際は何かと不便だった。小野組は本籍を京都に置いたため、業務に必要な戸籍謄本《とうほん》をいちいち取り寄せなければならなかったからだ。銀行などの業務を営む場合も、そうした事情は同様である。

そこで、六年四月に小野組のなかで小野善助《ぜんすけ》と小野善右衛門《ぜんえもん》が本籍を東京に移すことを京都府に願い出る。だが、府は転籍を許可しなかった。小野組ほどの豪商が転籍してしまうと、今後租税収入に支障が出るとの判断があった。要するに、京都の経済に与える悪影響を懸念したのだ。

小野組はこうした京都府の姿勢に憤慨《ふんがい》し、転籍を認めるよう京都裁判所に訴訟を起こす。地方官が人民の願《ねがい》や届《とどけ》を握りつぶし、あるいは移住を妨《さまた》げたりした場合は裁判所に出訴《しゅっそ》しても差し支《つか》えないとの司法省令に基づき、府を相手取って出訴に及んだ。

江藤は腹心の北畠治房《きたばたけはるふさ》を京都裁判所長に任命し、**長州藩が強い影響力を持つ京都府政に〝司法のメス〟を入れる**。

北畠を迎えた京都裁判所は小野組の転籍願を認めるよう命じるが、府はこれに応じなかったため、司法省との全面対決に発展する。ここに、舞台は京都から東京に移る。

槇村は召還《しょうかん》される。そして、東京で開廷された臨時裁判所に出廷したが、法廷内での態度が不遜《ふそん》とされて身柄が拘束される。

当初は京都府と小野組の争いだったが、行政訴訟に持ち込まれたことで司法省と京都府の争い、そして政府を牛耳る二人の参議――槇村の後ろ盾だった木戸と江藤の争いに転じていく。**「長州藩 vs. 佐賀藩」の構図だ。**

小野組転籍事件は、後述の征韓論《せいかん》政変で江藤が辞表を提出すると、これに乗じる形で木戸に有利な政治決着がはかられる。槇村は釈放され、罰金刑のみで一件落《いっけんらく》着《ちゃく》となる。

さらに、政府は槇村に引き続き京都府政を担当させたため、司法省は強く反発する。土佐藩出身で、司法大輔を勤める福岡孝弟《ふくおかたかちか》たち高官が総辞職する事態となった。

**政府を構成する「薩長土肥」の四藩出身者は、司法卿・江藤新平が〝台風の目〟となる形で、激しい内部抗争を繰り広げていたのである。**

## ❖「体調不良」に苦しむ西郷――大久保の帰国後に、政界隠退を望む

西郷は出身母体である島津久光からの糾弾、そして政府部内の混乱の鎮静化に苦しめられて心身を疲労させていくが、そんな折、盟友《めいゆう》の大久保が帰国してくる。明治六年五月二十六日のことである。大蔵省と各省の予算紛議が大蔵省の敗北に終わり、井上が大蔵大輔を辞職した直後にあたる。

大蔵卿の大久保が岩倉に先立って帰国したのは、三条から要請を受けたからだ。

大蔵省と各省の間で予算配分をめぐる対立が激化し、三条の力では事態を収拾できなくなる。当時、西郷が鹿児島から動けなかったことも大きかった。

大久保が帰国した時には、西郷も東京に戻っていた。予算をめぐる大蔵省と各省との対立も、井上辞職で決着が付いた形だった。

ところが、**西郷は大久保が帰国すると、鹿児島に引き込みたいと三条に申し出る。政界から隠退する意思を示す**。

西郷は二年近くも留守政府のトップを勤めており、相当疲れていたことは間違いない。久光からの糾弾に加え、薩摩藩士として同胞《どうほう》だった〝反西郷党〟の動向も精神的に堪《こた》えたはずだ。ストレスは溜まる一方だった。

さらに、西郷は極度の体調不良に苦しんでいた。高脂血症《こうしけつしょう》すなわち肥満《ひまん》が原因である。

六月六日には、天皇から侍医《じい》・岩佐純《いわさじゅん》たちが派遣され、肥満のため血行が悪化していると診断される。減量を勧められた西郷は食事療法のほか下剤《げざい》を服用したが、急に好転するほど軽い症状ではなかった。討幕を実現する過程で腸《ちょう》を悪化させていたため、下剤を服用したことで激しい下痢《げり》を発症する。

当時の西郷の心境を推測してみたい。

久光の東京転居も実現し、政府部内の紛糾も鎮静化させた。日ならずして岩倉はじめ大久保や木戸たち政府首脳が帰国し、政務に復帰するだろう。

もともと、戊辰戦争後に隠退するつもりだったが、主君・島津忠義の懇望《こんもう》により藩政に復帰した経緯があった。その後、大久保の要請により政府入りしたが、大久保たちが洋行することになったため、そのまま政府の留守を預かる羽目となる。

西郷の立場に立ってみれば、政界隠退の潮時《しおどき》と考えても不思議ではない。静養して体調を戻したいとも思っただろう。

だが、**帰国したばかりの大久保としては、ここで西郷に去られては困る。しばらくは、政府にとどまって欲しい**ところだった。

窮した大久保からの依頼を受けて勝海舟たちが説得した結果、西郷も翻意《ほんい》するが、その直後、まったく別の問題で政府を去る。征韓論政変である。

## (四)「征韓論政変」による大分裂――留守政府vs.岩倉使節団

### ❖明治政府を認めない朝鮮――開国政策に転じた日本に〝強い不信感〟

江戸時代、日本は長らく鎖国《さこく》の時代だった。アジアでは朝鮮、ヨーロッパではオランダとのみ外交関係があった。

オランダとは、旗本から任命した長崎奉行をして外交事務に当たらせたが、朝鮮の場合はそうではない。江戸時代以前より、日朝両国の仲介役的な存在だった宗《そう》氏が藩主を務める対馬《つしま》藩に幕府は外交事務を委託していた。

明治政府は政権交代を契機《けいき》に、新たな日朝関係の樹立を目指す。対馬藩を介《かい》さない朝鮮との外交・貿易を望んだ。

しかし、朝鮮側は対馬藩が持参した王政復古、つまり明治新政府樹立の通告書の受け取りを拒否する。宗主国として敬《うやま》う清《しん》の皇帝のみに許される「皇」や「勅」などの字句《じく》が使用されていたからである。

通告書の受理を拒否した背景には、**開国和親を標榜《ひょうぼう》して近代化政策を推進する明治政府への反発もあった。**

かつての日本と同じく、当時の朝鮮では攘夷運動が盛んであり、実際アメリカやフランスの艦隊を撃退したことで国民の意気が上がる。そのため、外国に屈する形で開国政策に転じた明治政府に〝強い不信感〟を抱いていた。

通告書の受理を拒否されて面目を失《しっ》したことで、政府内では朝鮮に対する強硬論が台頭する。日朝関係の悪化は避けられなかった。

大久保が帰国した直後の明治六年（一八七三）五月二十八日、朝鮮側の外交窓口である東莱府《とうらいふ》は釜山《プサン》の日本公館に対し、日本人の密《みつ》貿易を糾弾する旨の文書を公示した。そのなかに日本を侮辱《ぶじょく》する字句が含まれていたことで、事態が急変する。

現地の外務省役人からの報告を受け、六月十二日に開かれた閣議の場では対朝鮮問題が急遽《きゅうきょ》議案となった。閣議に参加できるのは、正院の構成メンバーである大臣や参議たちである。

太政大臣の三条、参議の西郷・板垣・大隈のほか、正院の基盤強化のため参議に加えられた司法卿の江藤、文部卿の大木、左院議長の後藤といった面々が閣議に参加した。板垣と後藤は土佐藩、大隈・江藤・大木は佐賀藩出身であり、西郷を除く参議が両藩で占められていた。

右大臣の岩倉や長州藩代表で参議の木戸は、まだ帰国していなかった。大蔵卿の大久保は参議ではなく、閣議に列席《れっせき》する資格はなかった。

閣議では、軍隊を帯同《たいどう》した大使を派遣して談判に及ぶ案が提起された。軍事的に圧力を掛ける形で、膠着《こうちゃく》した日朝外交の打開を目論む。

参議のなかでは、板垣が最も強硬論を唱えた。即時出兵も辞さない。

しかし、西郷は軍隊を帯同させるとなると、戦争になる危険性が生じるとして平和的な形での交渉を主張した。自分が大使として朝鮮に渡りたいと申し出る。

ただし、外務卿の副島種臣が日清修好条規《じょうき》批准《ひじゅん》のため渡清《としん》中という事情を鑑《かんが》み、その帰国を待って大使派遣の件が閣議にはかられることになった。

## ❖西郷の「征韓論」の真意は？――弱腰外交は〝幕府の二の舞〟になる

副島が東京に戻ったのは七月二十五日のことである。

いよいよ、西郷派遣案の採否《さいひ》を議決する閣議が開催される段《だん》となるが、西郷は同月二十九日付の板垣宛書状で、自分の考えを次のように述べる。

まずは、使節を派遣する方策を取るほうが良いのではないか。**交渉が不調に終わって朝鮮側が暴挙《ぼうきょ》に及べば、征討つまり開戦の名分《めいぶん》が立つ。**いわゆる征韓論である。

二段構えを取ることを提案したわけだが、自分が大使として派遣されれば殺されるとも考えていた。政府と陸軍のトップを兼ねる西郷が殺されれば、朝鮮との開戦は避けられない。西郷に即時開戦の意思はなかったものの、使節派遣による開戦の可能性は極めて高いともみていた。

八月三日、西郷は三条に書状を送り、大使派遣を決める閣議の開催を強く求める。だが、三条は岩倉の帰国を待った上での評議を望んでいた。

現状で閣議を開催すれば、西郷に押し切られてしまう。

西郷を大使として派遣すれば、朝鮮との間で紛争が生じて開戦となる危険性が高い。三条にしてみれば、**現状での閣議開催とは「開戦へのレール」を敷《し》くものに他ならなかった。**

そのため、三条は閣議の開催を引き延ばそうとするが、焦《じ》れた西郷は直《じか》談判に出る。十六日のことである。即時開戦を念頭に大使として派遣されることを望んでいるのではないと述べ、閣議の開催を強く求めた。

根負《こんま》けした三条は、翌十七日に閣議を開催することを決める。そして、西郷を大使として朝鮮に派遣することが閣議決定される。

西郷が開戦につながりかねない朝鮮への派遣、つまりは征韓論を主張した真意とは何か？

幕末の頃、開国や通商を求めてきた欧米諸国に対し、戦争をひたすら回避する方針で臨《のぞ》んだことが幕府の権威失墜を招いたと西郷は考えていた。**明治政府が朝鮮に弱腰《よわごし》な外交政策を取ると〝幕府の二の舞〟になりかねない。**

よって、即時開戦の意思はないが、戦争も覚悟して交渉に臨まなければならない。西郷は自ら大使として朝鮮に赴《おもむ》くことで、そうした政治姿勢を身をもって示そうとしたのである。

一連の政府の施策に対する士族の不満をそらすため、という説も巷間《こうかん》伝えられている。皮肉にも、その筆頭格は島津久光を後ろ盾とする鹿児島県士族だった。

外交問題が注目を浴びれば、その分、内政への不満が減じるのは明らかである。開戦となれば、士族たちの働き口が生まれる。そうした意図が、西郷にまったくなかったとは言い切れないだろう。

政府の腐敗堕落《だらく》を批判し、これを糺《ただ》すため参議に就任した西郷であったが、岩倉使節団の洋行により留守政府を任されたことで、**逆に〝政府批判〟を一身に浴びる立場に追い込まれる。**その重圧から逃れたいという気持ちも、西郷をして使節派遣問題にのめり込ませていったはずだ。

さらに、西郷は体調が非常に悪かった。死を意識する状態にあったことで、最後の仕事という気持ちも募ったのではないか。

十九日、三条は箱根《はこね》の御用邸《ごようてい》で避暑中の天皇に西郷派遣の件を上奏《じょうそう》した。天皇はこれに対し、岩倉の帰国後に再評議した上で、この件を再度上奏するよう指示した。

## ❖大久保が西郷に抱いた疑念――岩倉使節団は「置いてけ堀の浦島太郎」

大久保は、征韓論に傾斜《けいしゃ》していく西郷をどう思っていたのか？

岩倉使節団の副使として欧米諸国を視察することで、いかに日本の国力が遅れているかを痛感した。今は無謀な外征《がいせい》よりも、内治《ないち》を優先させて近代化を推進し、国力を増強させるべきである。

西郷派遣が外征につながりかねないことは、大久保もよく分かっていた。留守政府の対朝鮮外交には批判的だったが、この段階では進んで意見を述べることはなかった。

西郷派遣が閣議決定される前日の八月十六日、大久保は夏季休暇を取って関西旅行に出発する。あたかも、西郷派遣をめぐる政府内の争いから身を遠ざけるかのようであった。

閣議で発言できる立場（参議）ではなかったこともあるが、留守政府に対する強い不信感も大きかった。

岩倉使節団が出発するにあたり、三条や西郷が仕切る留守政府は使節団との間で、重要案件は連絡を取り合い、新規の改革はなるべく抑制することを申し合わせていた。しかし、実際はそうもいかず、西郷率いる留守政府は学制・徴兵令・地租改正といった近代化政策を次々と推進する。

その結果、岩倉・大久保・木戸たちは「置《お》いてけ堀《ぼり》の浦島《うらしま》太郎」の状態に置かれた。**内政の主導権を奪われた大久保たちは、留守政府への不信感を募らせる。**大久保にしても、盟友の西郷に〝疑念〟を持たざるを得なかったのではないか。

各省が争うように新規事業を企画した結果、大蔵省に対する各省からの予算要求は激しさを増し、政府内は混乱した。そして、今度は西郷が火種となる形で、外交

岩倉使節団。左から木戸孝允、山口尚芳、岩倉具視、伊藤博文、大久保利通
（写真提供：PPS通信社）

政策をめぐって混乱しはじめる。

実は、三条は大久保に対して参議就任を要請していた。その意図は、大使派遣を主張する西郷を説得することにあったが、固辞に遭う。

西郷の並々ならない決意は、大久保には充分に分かっていたはずだ。大使派遣に固執する強硬な姿勢には、とまどいを感じたに違いない。

今回ばかりは、自分が説得しても聞き入れない恐れが大きい。**西郷との盟友関係は決裂《けつれつ》し、政府内に新たな混乱を招くだろう。**実際、危惧したような事態となる。

留守政府への不信感に加え、西郷に対する疑念ととまどいから、大久保は参議への就任を避けた。西郷の気持ちが落ち着くのを待つ。

西郷派遣が閣議決定された頃には、岩倉使節団の副使を勤めた木戸も帰国していた。

木戸も大久保と同じ考えだった。閣議に参加できる参議でもあったが、この頃、馬車から落ちて頭や肩を強打し、頭痛に苦しんでいた。左足の麻痺《まひ》にも苦しめられており、西郷派遣を再議決する閣議には欠席することになる。

八月十七日に西郷派遣が閣議決定されたとはいえ、天皇の指示により岩倉帰国まで棚晒しの状態に置かれたが、いよいよ岩倉が帰国してくる。

## ❖西郷派遣阻止の〝包囲網〟――岩倉使節団が「政局の主導権」を狙う

九月十三日、岩倉は伊藤博文たちとともに帰国した。

岩倉の帰国を受け、休暇で関西に滞在していた大久保は急ぎ東京に戻る。東京に到着したのは二十一日のことである。

大久保は留守政府の強硬な対朝鮮外交には批判的だったが、岩倉や伊藤も同じ考えだ。岩倉使節団の考えは一致していた。

西郷は三条に早期の閣議開催を強く求めるが、三条は引き延ばしに出る。その間、木戸も大久保や伊藤たちと会い、**西郷派遣阻止の〝包囲網〟**が密かに構築されていく。

伊藤たちは、大久保に参議就任を懇請《こんせい》する。三条や岩倉の希望でもあった。大久保の参議就任には征韓論を阻止するとともに、岩倉・大久保・木戸を中心とした指導体制の構築という目論見も秘められていた。**岩倉使節団が、西郷たち留守政府から〝政局の主導権〟を奪還しようという構図だ。**

当時、参議の列に連なっていたのは西郷のほか、木戸・板垣・後藤・大隈・大木・江藤の面々である。人数では土佐と佐賀藩出身者が多く、数の上で薩長両藩は不利だった。

西郷派遣は岩倉使節団の外遊中に閣議決定されており、それを覆《くつがえ》すには閣議で否決に持っていかなければならないが、朝鮮への大使派遣に固執する西郷との全面対決は避けられなかった。

盟友関係も終わるだろう。大久保は参議就任をなおためらう。

だが、最終的には三条たちの要請に応じる形で、十月八日に参議就任を受諾する。事態を傍観すれば国家の危急存亡《ききゅうそんぼう》に関わる。西郷との盟友関係も、国家の大事には代えられない。

大久保は参議就任に際し、子供宛に遺書《いしょ》を書く。参議就任は辞退するつもりであったが、朝鮮との開戦の危険性が高い今回の国難《こくなん》を避けるのは本意ではない。この難局に対処できる者は自分しかおらず、参議就任を決心した。

たとえ変事《へんじ》に遭遇しても思い残すことはない。

大久保は一命を賭して、西郷の前に立ち塞《ふさ》がることを決断した。一方、三条は西郷派遣に賛成する外務卿の副島も参議に就任させ、バランスを取る。

翌九日、三条は閣議を十二日に開催するとしたが、十一日になって十四日に延期すると通知した。西郷派遣を封じ込めるための打ち合わせが必要だったのだろう。

十一日、西郷は三条に書面を送る。

大使派遣を否決する動きが閣内にあることを読み取っていた西郷は、**万一、閣議決定が覆されれば〝自決《じけつ》する〟と伝えた。**三条たちの動きを牽制《けんせい》したのだが、三条を精神的に追い詰めるのには充分過ぎるほどの内容だった。

## ❖西郷と大久保の激しい論戦――〝板挟み〟に遭った三条が人事不省に

十月十四日の閣議に出席したのは、太政大臣の三条、右大臣の岩倉、参議の西郷・大久保・板垣・後藤・江藤・大隈・大木・副島だった。木戸は病欠だった。

**三条と岩倉は大使派遣の中止ではなく、「延期案」を持ち出してきた。**十一日に西郷が送ってきた書面を読んだ三条が弱気になったのだ。西郷が都督を勧める近衛兵が暴発することも恐れ、当座《とうざ》先送りしようとする。

これに対し、**大久保は大使派遣自体が朝鮮との開戦に直結して国難をもたらす**と唱えた。内治優先の立場から、派遣中止の理由を次のとおり説く。

現下、国内情勢は不安定である。戦争に耐えうる財政の余裕はない。近代化の政府事業は中断を余儀なくされる。イギリスやロシアの動向も不安である。戦争に勝利して朝鮮を領有化できても、今の日本には保有し続ける力がない。

しかし、西郷は三条と岩倉の延期案を認めず、即時派遣を主張して退かなかった。大久保の中止案に対しては言うまでもない。西郷と大久保は激しく論戦を交わした。

「廟堂征韓論之図」(提供：首藤光一/アフロ)

結局、この日は議論が紛糾して結論が出なかった。翌日、再び閣議を開催することになり、散会《さんかい》した。

西郷は、十五日の閣議には出席しなかった。主張すべきことは、前日の閣議で主張したということである。木戸も病欠した。

引き続き、大久保は派遣中止を唱えた。板垣、後藤、江藤、副島が西郷派で、木戸、大隈、大木が大久保派と色分けできるが、西郷の欠席戦術が功を奏したのか、三条は岩倉と相談の上、派遣を決めてしまう。

**三条に言わせると、さもないと西郷が自決するかもしれない。西郷配下の近衛兵たちが騒ぎ出して反乱が起きかねない。高まる恐怖心から、土壇《どたん》場《ば》で大久保を裏切ってしまう。**

大久保は憤激する。十七日早朝、三条のもとを訪ねて、参議の辞職を申し出る。三条は衝撃を受けるが、追い打ちをかけるように岩倉と木戸も辞意を示した。驚いた三条は岩倉に翻意《ほんい》を促すが、会談は物別れに終わる。

自邸に戻った三条は今度は西郷を呼び、派遣を再議決した十五日の閣議決定の見直しを提案する。拒絶に遭ったのは言うまでもない。

「万事休す」となった三条は、十八日未明に錯乱《さくらん》状態となり人事不省《ふせい》に陥る。太政大臣としての政務が執れない状態となった。

この日から、大久保たちの巻き返しがはじまる。

## ❖征韓論政変で五参議が下野――「内治優先派」「岩倉使節団」の勝利

同じ十八日、三条の異変を知った伊藤が木戸のもとを訪ねる。大久保にも連絡を取り、善後策を協議した。

翌十九日、三条が太政大臣の辞表を提出すると、岩倉がその職を代行する運びとなる。二十日、天皇は三条を見舞った後、岩倉邸にも行幸して太政大臣の職務代行を命じた。その際、岩倉と昼食を取りながら懇談《こんだん》している。

一方、巻き返しを決断した大久保は、西郷とも親しい薩摩藩出身の黒田清隆や吉井友実《ともざね》たちと宮中工作に着手していた。

太政大臣代理となった岩倉は、閣議決定された西郷派遣を天皇に上奏しなければならなかったが、その際に岩倉の意見として「派遣延期」も上奏させようと目論む。**両論併記《へいき》の形で天皇に判断を仰《あお》ぎ、裁断《さいだん》という形で西郷派遣の閣議決定をひっくり返そうとしたわけだ。**

そのためには、岩倉から派遣延期の上奏がある旨を事前に知らせておかなければならない。趣旨も説明しなければならない。大久保は宮内少輔を勤める吉井をして宮内卿の徳大寺実則《さねつね》に働きかけ、その承諾を得る。

黒田清隆（国立国会図書館蔵）

徳大寺は岩倉から派遣延期の提案がある旨を密かに上奏し、二十二日には天皇の承認を得ていた。二十日に天皇は岩倉邸に行幸したが、西郷派遣をめぐる閣内の対立に関する事情説明もあったのだろう。その後、派遣延期の件が徳大寺から上奏され、天皇の意思は延期論に傾く。

二十二日、政府は閣議を開催することになっていたが、岩倉と大久保の話し合いにより中止となる。西郷の出席が予定されており、両論併記での上奏計画に支障が出るのを恐れたのである。岩倉の上奏は二十三日朝の予定だった。

二十二日夜、西郷派遣を支持する板垣たち参議は岩倉邸に押し掛ける。西郷もその一人だった。岩倉たちの動きを読んだ西郷たちは、西郷派遣という閣議決定のみの上奏を迫る。

しかし、岩倉は両論併記で上奏する旨を伝え、西郷たちの要求を断固拒絶した。

翌二十三日、敗北を悟った西郷は参議、近衛都督、陸軍大将の辞表を提出する。二十四日、政府は参議と近衛都督の辞職を許可するが、陸軍大将の職はそのままとなる。

二十三日朝、岩倉は両論併記の形で上奏する。二十四日、天皇は岩倉の上奏を採用する旨を伝え、西郷派遣は延期と決まった。

この日、西郷派の参議である板垣・後藤・江藤・副島も辞表を提出した。天皇は西郷たち五参議の辞表を受理する一方で、大久保と木戸から提出されていた辞表は却下する。

**征韓論をめぐる政争は〝内治優先派〟の大久保たちの勝利に終わり、〝岩倉使節団〟が西郷たち留守政府から政局の主導権を奪還する。**ここに、岩倉・大久保・木戸を中心とする新体制が確立された。

二十八日、西郷は横浜から海路鹿児島に向かう。帰国したのは十一月十日のことである。

西郷の辞職、帰国を受け、配下の将兵たちには動揺が走る。天皇は慰留したものの、陸軍少将・桐野利秋、近衛局長官・篠原国幹《しのはらくにもと》たち幹部は辞表を提出し、西郷の後を追った。鹿児島県出身の近衛兵も続々と帰国していく。同じく鹿児島県士族から構成された警察幹部もこれに追随した。

大山巌（国立国会図書館蔵）

しかし、政府にとどまった鹿児島県出身の陸軍将兵も多かった。弟の西郷従道《つぐみち》、従《い》兄弟《とこ》の大山巌《いわお》も西郷には追随しなかった。

西郷と親しかった黒田清隆や吉井友実たちに至っては、大久保と連携することで西郷の追い落としに手を貸した。**征韓論に限っては、それまで西郷が味方と頼んできた**

**旧薩摩藩の仲間たちの支持はあまり得られなかった**のである。

明治六年十月に勃発した征韓論政変は、政局を流動化させる。政情は非常に不安定となり、西郷が決起する西南《せいなん》戦争への道が敷かれていく。

第五章

# 薩摩・長州藩からの「反政府運動」

## ――西南戦争と萩の乱

## （二）政府の動揺が続く――士族の反乱の〝連鎖〟を恐れる

### ❖「大久保政権」の誕生と「私学校」の創設――懸念はやはり〝旧薩摩藩〟

征韓論政変を経て、政府の陣容《じんよう》は大きく変わった。

帰国した岩倉や大久保たちは、西郷たち留守政府の主要メンバーを下野《げや》させて政府の主導権を奪還したが、参議が一挙に五名も去ったため、時を移さず補充に取り掛かる。

五参議の辞表を受理した翌日にあたる明治六年（一八七三）十月二十五日、工部大輔の伊藤博文と海軍大輔の勝海舟を、それぞれ工部卿と海軍卿に昇格させた上で参議を兼任させた。二十八日には、寺島宗則《てらしまむねのり》を副島の辞職により空席となった外務卿に充て、同じく参議を兼任させる。

出身別にみると、大久保と寺島が薩摩藩、木戸と伊藤が長州藩、大隈と大木が佐賀藩、海舟が幕府（静岡藩）だった。土佐藩出身者は閣外へ去り、後述する民撰議《みんせんぎ》院設立建白書の提出という形で復権を目指す。

十一月十日、政府は大蔵省から勧業・戸籍・駅逓《えきてい》・土木・地理寮《りょう》、司法省から警保《けいほ》寮、工部省から測量司を移管させて内務《ないむ》省を創設する。強大な権限を持つ大蔵省の力を弱めて各省間のバランスを取るとともに、内務省主導で内治を進めていく意思を示した。

初代内務卿に就任したのは大久保である。西郷に代って近代化の推進役となる。内務省創設にあたって司法省から警保寮を移管させたことで、大久保は警察権力も掌握する。これから沸き起こる反政府運動に目を光らせる立場となったのだ。**西郷下野後の明治政府は、「大久保首班」と言ってよい政治体制だった。**

大久保利通（国立国会図書館蔵）

十二月二十五日、東京に転居していた島津久光が内閣顧問に任命される。西郷たちに加えて久光まで帰国されると、鹿児島県が〝不穏な状況〟に陥るのは避けられない。西郷と久光が反政府で手を結ぶかもしれない。よって、閣内に取り込んだわけだ

私学校跡（鹿児島市）

が、早くも翌年（一八七四）一月には辞職してしまう。

一方、征韓論で政治的敗北を喫して鹿児島に戻った西郷は、愛犬や従僕《じゅうぼく》とともに県内各地をめぐり狩《しゅ》猟《りょう》を楽しんでいた。帰宅すると、農耕に励《はげ》んだ。

戊辰戦争後、西郷は故郷で悠々自《ゆうゆうじ》適《てき》に過ごしていたが、その日々が再びはじまったのである。肥満が原因の体調不良に苦しめられた西郷にとり、健康回復には最良の日々だった。

しかし、完全に隠退したわけではない。西郷は**「私学校《しがっこう》」と総称される軍事学校の設立**に取り掛かる。七年六月、鹿児島城の厩《うまや》跡に銃隊学校と砲隊学校が誕生した。

銃隊学校を監督したのは近衛局長官だった篠原国幹で、生徒数は五～六百人。砲隊学校は宮内大丞《だいじょう》だった村田新八が監督し、生徒数は二百人だった。

両学校では軍事はもちろん、漢学《かんがく》なども教授した。西郷たちが下賜された賞典《しょうてん》禄《ろく》を元手に賞典学校も設立され、士官の養成がはかられた。

こうした私学校（軍事学校）が設立されたのは、鹿児島だけではない。県下《けんか》各地にも分校が置かれ、地元に戻った兵士たちを統括した。

西郷の後を追って郷里《きょうり》に戻った兵士たちは何もすることがないため、遊興《ゆうきょう》に走る者が多く、士風《しふう》が頽廃《たいはい》しはじめる。西郷が私学校を設立したのは、このような実情を憂慮したからである。

政界を隠退した西郷ではあったが、国難の際には身命《しんめい》を捨てる覚悟は持ち続けていた。その際、私学校は大いに役立つはずだ。西郷に言わせれば、政府に不満を持つ鹿児島県士族の暴発を防ぐ効果もあった。

だが、こうした動きは政府から疑惑を持たれざるを得ない。**下野した西郷が、私学校を通じて〝旧薩摩藩の軍事力〟をそのまま掌握する形になっていた**からである。

## ❖民撰議院設立運動と「佐賀の乱」――下野した参議と不平士族の合体

征韓論政変から約三ヶ月後にあたる七年（一八七四）一月十七日、西郷を除く板垣たち下野した四参議が中心となって「民撰議院の設立を求める建白書」が政府の左院《さいん》に提出される。左院は立法について審議し、その議決を正院《せいいん》に上申する機関だ。

板垣たちはこの建白書で、政府を牽制する役割を担う議会の設立を求める。後の**自由民権、国会開設運動の走りと位置づけられる動きだが、その実態は下野した参議たちによる〝巻き返し〟だった。**

ところが、その直前の十四日に、高知県士族で征韓論を主張する武市熊吉《たけちくまきち》たちが岩倉を襲撃する事件が東京で起きる。赤坂喰違《あかさかくいちがい》事件である。岩倉は一命を取り留めたものの、政府トップの「暗殺未遂事件」は政府に大きな衝撃を与える。

よって、同じ高知県士族である前参議の板垣や後藤が名を連ねた民撰議院設立建白書の提出の動きに、政府としては疑念を持たざるを得ない。裏で連携しているのではないか？

その頃、建白書に名前を連ねた前参議の江藤新平は、故郷の佐賀に戻っていた。佐賀藩は征韓論政変までは参議を四人も輩出《はいしゅつ》したが、かねて佐賀県では久光に共鳴して近代化政策に反発する士族たちが憂国党《ゆうこくとう》を結成し、政府から危険視されていた。一方、征韓論に敗れて下野した江藤を支持する士族たちは、征韓党《せいかんとう》を結成した。

　そんな折に江藤が帰国してきたため、征韓党の意気は上がる。

　政府が警戒を強めるなか、二月一日に憂国党に属する士族たちが政府公金を扱う小野組出張所に押し掛け、金を無心《むしん》する事件が起きる。政府から支払われるはずの家禄の支給が遅れていたことに憤激したのだ。

　恐れをなした店員は逃亡するが、この報が政府に入ると、佐賀の状況に危機感を強める大久保は過剰に反応する。**士族の反乱の動きが全国に波及するのを危惧**し、熊本鎮台《ちんだい》司令長官の谷干城《たにたてき》に鎮圧を命じた。二月四日のことである。

谷干城（国立国会図書館蔵）

　ここに士族の反乱の口火《くちび》を切る「佐賀の乱」がはじまるが、大久保は自ら鎮圧にあたるため、現地に乗り込むことを決意する。

　政府から鎮台兵出動の命が下ったことを知った佐賀県士族は激高《げっこう》する。それまで不和《ふわ》だった憂国党と征韓党は、合同して政府軍にあたることを決めた。帰国していた江藤はその首領に祀《まつ》り上げられる。

十六日未明、佐賀県庁に入った熊本の鎮台兵は憂国党と征韓党の攻撃を受ける。十八日には県庁を占領されてしまうが、反政府の動きが特に鹿児島に波及することを警戒する大久保の動きは早かった。

実際、蜂起《ほうき》した佐賀県士族から鹿児島県士族に対する働きかけもあった。ただし、これに応じる動きはみられず、江藤は単独での戦いを余儀なくされる。

翌十九日、東京鎮台と大坂鎮台の兵を率いた大久保は九州に入った。二十日、集結を終えた征討軍は佐賀に向かって進撃する。

二十二日と二十三日の戦いで征討軍は佐賀県士族を撃破し、大勢は決まった。二十八日、征討軍は佐賀城を奪還し、三月一日には大久保も佐賀に入る。

その間、**鹿児島に入っていた江藤は西郷に面会する。高知県士族にも協力を求めたが、いずれからも拒絶に遭う。**

高知県内で捕縛された江藤は佐賀に送られ、四月十三日に処刑される。大久保の果断な処置により、佐賀の乱は早期に鎮圧され、他県に反乱が波及することはなかった。

佐賀の乱の際、内閣顧問を辞職していた島津久光は、西郷の説諭を名目に帰国を願い出る。

政府としては、**西郷を擁《よう》する鹿児島県士族の動向、つまり西郷と江藤が連携する事態を懸念した**。実際、蜂起した佐賀県士族からの働き掛けもみられ、江藤も西郷に面会している。よって、政府は久光をして西郷の説得に当たらせようと、その帰国を許可した。

だが、佐賀の乱鎮圧後も久光は鹿児島にとどまったため、政府は勅使を派遣し、東京に戻るよう促した。四月二十一日、東京に戻った久光は空席だった左大臣に任命される。政府は再び閣内に取り込んだが、久光は左大臣の職を梃子《てこ》に、またもや政府の方針に異を唱えはじめる。

五月二十一日、三条と岩倉に対して開化政策を批判する二十箇条の建議をおこなったが、十月には開化政策が日本を頽廃させて国難をもたらしているとして、それに携わる官吏を奸臣《かんしん》と糾弾する建白書を天皇に提出した。糾弾した官吏（奸臣）とは、大久保たち旧臣のことである（日本史籍協会編『岩倉具視関係文書』六、東京大学出版会、一九六九年覆刻《ふっこく》）。

政府としては到底受け入れられる内容ではなく、先の建白書と同じく聞き流すのみだった。久光は在職約一年半で左大臣を辞し、九年（一八七六）四月三日には帰国の途に就く。その後一年を経ずして、西南戦争を鹿児島で迎える。

## ❖台湾出兵と大阪会議――〝内憂外患〟のなかでの大胆な政策転換

征韓論政変や佐賀の乱を受け、政府は反政府の動きに神経を尖《とが》らせる。官吏を全国に派遣して士族の動向を探索したが、西郷を擁する鹿児島県士族の動向が最大の関心事だったのは言うまでもない。

政府には次のような報告が入っていた。

西郷は世捨《よす》て人のような虚心坦懐《きよしんたんかい》の姿だが、内心は捲土重来《けんどちようらい》を期して再起の時をうかがっている。帰国した士族たちも、西郷を擁して挙兵する方策を深夜まで議論している。

こうした報告書がどこまで事実を伝えていたかは分からないが、西郷とその支持者たちに対する危機感を強める結果となったことは間違いないだろう。

佐賀の乱の後、大久保は台湾《たいわん》出兵に踏み切る。**西郷との盟友関係を終わらせてまで否定した外征に打って出た。**

明治四年に、台湾南部に漂着《ひようちやく》した琉球《りゆうきゆう》の島民たちが、原住民により殺害される事件が起きていた。旧薩摩藩には琉球を長らく属領《ぞくりょう》としていた歴史があり、鹿児島県士族たちは報復として台湾出兵を強く主張したが、大久保は彼らも外征に動員することで政府への不満を逸《そ》らせたいと考える。佐賀県士族たちのように暴発させてはならない。

佐賀の乱と並行するような形で、出兵の準備ははじまっていた。

四月九日、台湾蕃地《ばんち》事務都督に任命された陸軍大輔・西郷従道は鹿児島県士族からの応募兵八百人を含む総勢三千六百余の兵を率いて、長崎へ向かう。五月二日より、従道率いる遠征軍は長崎から船に乗って台湾へ向かったが、ここで思わぬ展開となる。

台湾を属地《ぞくち》とみなす清から強硬な抗議が入ったのだ。清との戦争も現実味を帯びるが、大久保が北京《ペキン》に渡って交渉に臨んだ結果、開戦の事態は何とか避けることができた。

**台湾出兵は政府内にも波紋を引き起こす。征韓論を否定した外交方針との〝整合性〟が問題となったのである。**

出兵に反対した木戸は、四月十八日に参議と文部卿の辞表を提出する。辞表は受理したものの、長州藩代表の木戸まで下野させるわけにはいかず、宮内省出仕という形で政府内にとどめた。

**征韓論政変、佐賀の乱、そして台湾出兵による清との開戦危機、事実上の木戸の下野という〝内憂外患《ないゆうがいかん》〟の状況を受け、大久保は権力基盤の強化を急ぐ。**

八年（一八七五）一月から二月にかけ、木戸や板垣たちと断続的に会議（大阪会議）を重ねた結果、「立憲《りっけん》政体」への移行に関して合意する。木戸と板垣は参議として政府に復帰した。

四月十四日、立法機関として元老院《げんろういん》と地方官会議、司法機関として大審院《だいしんいん》の設置が決まった。政府による専制《せんせい》政治ではなく、西欧に倣《なら》った三権分立の国家作りが目指されたのである。これに伴い、左院は廃止された。

下野した参議たちを閣内に取り込むため、大久保が妥協した格好だ。一方、木戸たちは元老院などを通して大久保を牽制しようと目論む。木戸は地方官会議の議長に就任した。

参議兼内務卿として政府を主導する大久保は、長州藩や土佐藩出身の木戸や板垣を政府内に取り込むことで〝佐賀の乱の再現〟を防ごうとしていた。だが、翌九年に入ると、その懸念が士族の反乱の連続という形で、現実のものとなってしまうのである。

## （二）政府批判の言論の高まり――「拠り所」は懐かしき江戸社会

### ❖「ジャーナリスト」に転身する幕臣たち――欧州の〝旺盛な言論〟に感動

第一章でみたとおり、政権交代を経て幕臣たちは零落《れいらく》していく。将軍のお膝元から天皇のお膝元となった、江戸改め東京も混乱状態が続いた。

そんな現状への忸怩《じくじ》たる思いは、幕臣たちの間では非常に強かった。明治政府に対する割り切れない思いに他ならない。

しかし、今さら武力に訴えることはできない。その気持ちを発散させるには別の形、つまり〝言論《げんろん》に訴える〟しかなかった。

**明治初期の言論界をみると、幕臣出身者が実に多いことに気付く。**『中外《ちゅうがい》新聞』を刊行した柳川春三《やながわしゅんさん》は、幕府の西洋化のセンターである開成所《かいせいじょ》の頭取を勤めていた。『朝野《ちょうや》新聞』社長の成島柳北《なるしまりゅうほく》は幕府陸軍の洋式化に取り組む傍《かたわ》ら、会計副総裁として江戸城開城を迎える。

福地源一郎（国立国会図書館蔵）

成島柳北（国立国会図書館蔵）

そのほか、『郵便報知《ほうち》新聞』の主筆・栗本《くりもと》鋤雲《じょうん》は外国奉行としてフランスに渡り、幕府とフランスの提携路線を推進した。あの福沢諭吉とも親しかった。『時事新報《じじしんぽう》』を主宰した福沢には、中津藩士から幕臣に抜擢されて幕府の外交事務に携わった経歴がある。『東京日々《にちにち》新聞』の主筆・福地源一郎《ふくちげんいちろう》は外国奉行支配通弁《つうべん》つまり通訳として活躍したが、新聞記事の筆禍《ひっか》で投獄された第一号でもあった。

長崎の町医者の家に生まれた福地が、オランダ通詞見習《みならい》を出島《でじま》で勤めていた頃、西洋では新聞が日々発行されていることを知る。

その後、福地は江戸に出て英語を学び、幕府の外国方に雇われた。その語学力により幕臣に取り立てられ、文久二年（一八六二）には幕府が派遣した外交使節団の一員として渡《と》欧《おう》する。役目は通訳である。

使節団はイギリス、オランダ、ロシアなどを歴訪するが、滞在先のパリで福地は新聞に接する。残念ながらフランス語が読めなかったため、英字新聞を宿所《しゅくしょ》に届けさせたが、昨日のことが早くも翌朝には記事となっている迅速《じんそく》さに驚く。自分たち使節団の動静も細かく記されていた。ますます新聞に関心を持った福地は新聞社や新聞記者を訪ね、新聞についての知識を深めていく。

**福地が新聞に興味を持ったのは、その〝公平さ〟ということも大きかった。**いわゆる生麦《なまむぎ》事件をきっかけとして、文久三年（一八六三）七月二日に薩摩藩とイギリス艦隊の間で戦争（薩英《さつえい》戦争）が起きる。ちょうど、福地たち使節団が渡欧していた頃であった。

イギリスの新聞では、イギリス艦隊の行動を容認する論調の記事が掲載されているると福地は思い込んでいたが、そうではなかった。薩摩藩との開戦を艦隊に許可した政府を弾劾《だんがい》する内容の記事が掲載されていた。

その**公明正大な直言《ちょくげん》ぶり**に、福地は大いに感動する。時期が来れば新聞記者となって、時事を思うがままに論じたいと決意したのである。

## ❖『江湖新聞』の創刊と幕府寄り論調――大部数で政府から〝発禁処分〟

そんな福地の願望が叶《かな》う時が、間もなくやって来る。政権交代により、明治政府が誕生したことがきっかけだ。

慶応四年四月十一日、江戸城は西郷率いる新政府軍に明け渡されたが、その頃、新政府は官報《かんぽう》の走りである『太政官日誌《だじょうかんにっし》』を発刊する。これに刺激を受け、江戸では新聞が次々と発行される。その一つが、同じ幕臣仲間で開成所頭取だった柳川春三が主筆の『中外新聞』だった。

そんな時勢《じせい》に接した福地は、今こそ年来の願望を叶える時として、『江湖新聞』を創刊する。この時期はまだ活版《かっぱん》印刷ではなく、江戸以来の木版《もくはん》刷りである。三、四日おきに発行されたが、部数の多さから世間の注目を浴びる。

『江湖新聞』の部数が多かったのには理由があった。その論調が〝幕府寄り〟だったからである。

政権交代が実現したとはいえ、薩摩・長州藩を主体とする新政府軍への反発は、江戸では非常に強かった。将軍のお膝元として三百年近くの歴史を持っていたことの必然的な結果と言えるだろう。

**このため、幕府寄りの記事は拍手喝采《はくしゆかっさい》をもって迎えられる。**福地も勢い余って、読者の関心に合わせる形で記事を〝創作〟したこともあったようだ。何しろ売り上げが違うのである。

『横浜毎日新聞』や『東京日々新聞』の編集者として活躍した塚原靖《つかはらしずむ》は、戊辰戦争の頃に江戸で発行された新聞記事について次のように証言する。会津若松《わかまつ》城は落城していたにも拘らず、「会津藩が新政府軍を打ち負かし、江戸に迫っていた」という新聞記事まであったという。

多くは見て来たような虚構《うそ》ばかりついて、会津や脱走が勝ったと書かねば売れぬというので、その記事には奥羽軍は連戦連勝、今にも江戸へ繰《く》り込むような事のみ書いていた。現に最も失笑《しっしょう》すべきは、九月の廿《にじゅう》四日に会津は既に落城している。それを何雑誌か名は忘れたが、その前後の発行のものに、会兵既に日光《にっこう》を占領して宇都宮《うつのみや》に及び、その先鋒は近日長駆《ちょうく》して草加越ケ谷《そうかこしがや》まで来るという、既にその先触れもあった、というような事が載せてあったのを見ましたな（塚原渋柿園《じゅうしえん》「明治元年」『幕末の武家』所収、青蛙房。ルビを補足）

新政府軍に敵対していた会津藩（「会兵」）や、江戸を脱走していた幕府兵（「脱走」）が勝ったという記事でなければ売れないため、嘘《うそ》の記事を掲載したのだ。

福地も同じような嘘の記事を『江湖新聞』に掲載していたが、自身の明治維新観《かん》まで開陳《かいちん》してしまう。**今回の政権交代とは、薩摩・長州藩が幕府に取って代っただけに過ぎない。**

しかし、こうした〝反政府運動〟の色合いが濃い主張は、当然ながら目を付けられる。彰義隊の戦いから十日も経たない五月二十三日に、政府は福地を投獄してしまう。約二十日後には出獄するものの、『江湖新聞』は発行禁止処分を受ける。

同紙の発禁処分は、新聞創刊ブームに水を差したが、やがて文明開化の波に乗って第二波の新聞創刊ブームがやって来る。この頃には、西洋社会における新聞の役割の大きさが広く知られるようになっていた。

そして、明治五年（一八七二）に東京最初の日刊紙『東京日々新聞』が創刊される。同七年、同紙の主筆に迎えられた人物こそ福地その人であった。

## ❖投獄された新聞記者たち――江戸を理想化して〝藩閥政府〟を攻撃

後に福地は新聞記事の筆禍で投獄された「第一号」と自らを評したが、明治初期に反政府の論陣を張った幕臣と言えば、成島柳北の名前は外せない。

柳北は、幕府の儒官を勤めた成島家に生まれた。洋学者と交流して英語を学ぶ一方、フランスから派遣された軍事教官団の指導を受け、歩兵頭並《かしらなみ》、騎兵頭並として幕府陸軍の洋式化に取り組む。幕府瓦解後は、外国奉行や会計副総裁の重職を歴任した。

江戸城開城後、しばらくの間は表に出ることはなかったが、明治五年九月、浅草《あさくさ》の東本願寺《ひがしほんがんじ》法主現如上人《ほっしゅげんにょしょうにん》に随行して欧米諸国を歴訪する。翌六年六月に帰国したが、ちょうど政府内が〝西郷の朝鮮派遣〟をめぐって揺れ動いていた頃である。

十月には西郷たちが征韓論で敗れて五参議が下野し、政府に激震《げきしん》が走る。七年二月には、士族の反乱の口火を切る形で佐賀の乱が起きるが、同年九月、成島は『朝野新聞』に入社する。

同紙で「雑話《ざつわ》」「雑録《ざつろく》」欄《らん》の執筆を担当した成島は、政府の文明開化の方針を揶《や》揄《ゆ》・冷笑する文章を掲載した。この種の記事は、政府に不満を持つ者、とりわけ幕臣たちの喝采を大いに浴びる。

**新聞を武器として、政府批判の言論活動を展開した彼ら旧幕臣にとり、その精神的な拠り所になったのが、懐かしき江戸の社会だった。**

つまり、**江戸を〝理想化〟する**ことで、幕府に代って政権を握った薩長土肥の藩閥政府に対し、鬱憤をはらす。江戸っ子改め東京市民も大きな喝采を送った。不満の格好のはけ口になったわけである。

こうして、成島に触発された彼らの不満の投書《とうしょ》が『朝野新聞』に集中するようになる。明治初年の東京に、いかに反政府の機運が渦巻《うずま》いていたかが分かる話だ。

当然ながら、政府当局者には目を付けられる。大久保は、幕臣出身者が多かった新聞記者たちの言論活動に断固たる姿勢で臨むことを決意する。

廃藩置県では政府に対する表立った抵抗は起きなかったとはいえ、その後佐賀の乱が起きた。民撰議院設立運動が発端となった自由民権運動も地域に根付きはじめており、政府は危機感を強める一方だった。

明治八年（一八七五）六月二十八日、「讒謗律《ざんぼうりつ》」と「新聞紙条例」が公布され、著作類や新聞記事で政府批判の記事を書いた記者たちが次々と摘発されていく。要注意人物のシンボルと言うべき成島も、自宅禁固《きんこ》や罰金を科されたが、反政府の論陣を緩めなかった。

同年十二月、成島は法制局書記官・井上毅《こわし》と尾崎三良《おざきさぶろう》を揶揄した戯文《ぎぶん》を発表したため、ついに起訴されてしまう。翌九年（一八七六）二月、禁獄《きんごく》四ヶ月の判決が下り、鍛冶橋《かじばし》の監獄に入獄した。一連の政府による言論弾圧により、多くの記者が検挙・投獄された新聞各紙は大打撃を受け、路線変更を余儀なくされる。

成島が出獄したのは六月十一日だが、同じ月の二十八日、『朝野新聞』『郵便報知新聞』『東京日々新聞』の三紙が世話役となって、浅草寺《せんそうじ》本堂で新聞供養《くよう》大施餓鬼《おおせがき》のイベントが開催される。讒謗律と新聞紙条例が公布されて、ちょうど一周年の日に当たっていた。

井上毅（国立国会図書館蔵）

多くの新聞関係者が参列し、新聞供養の卒塔婆《そとば》の前で祭文《さいぶん》を朗読した。出獄した成島も朗読している。**旧幕臣の系譜《けいふ》を引くジャーナリストたちが主催した風変わりなイベントは、新聞紙条例などで記者を検挙し**

続ける政府に対する精一杯のレジスタンスだったのである。

しかし、政府の弾圧にも拘らず、旧幕臣たちの〝心の奥底〟にある不満が消えることはなかった。終章で見るように、江戸を回顧《かいこ》する雑誌やイベントへの参加を通じて、彼らはその気持ちを発散させていく。

## (三)「萩の乱」と松下村塾――不平士族の〝精神的支柱〟となる

### ❖明治を迎えた「松下村塾」――叔父が再建し、跡継ぎの小太郎が学ぶ

明治十年(一八七七)二月、西郷が設立した私学校をバックに鹿児島県士族(旧薩摩藩士)が西南戦争を起こすが、前年の十月には山口県士族(旧長州藩士)による萩《はぎ》の乱が起きている。

そこで**大きな役割を果たしたのが、吉田松陰《しょういん》が主宰していた松下村塾《しょうかそんじゅく》**であった

ことはあまり知られていない。

安政六年（一八五九）十月二十七日、安政の大獄《たいごく》のなか松陰が江戸で処刑されると、長州藩は吉田家に家名《かめい》断絶の処分を下した。実父・杉《すぎ》百合《ゆり》之助《のすけ》と兄・梅太郎《うめたろう》は役職を免ぜられ、謹慎《きんしん》処分となる。百合之助は隠居を命じられ、梅太郎が杉家の家督を継いだ。

松陰の遺族はもちろん、門下生たちも周囲からの厳しい目に晒される。家族が村《むら》八《はち》分《ぶ》に遭った者さえいる。隠忍《いんにん》自《じ》重《ちょう》の日々を余儀なくされるが、やがて風向きが変わる。

吉田松陰（国立国会図書館蔵）

久坂玄瑞《くさかげんずい》たち門下生が藩政に進出しはじめると、その名誉が回復されていく。文久二年（一八六二）十一月二十八日に幕府が公布した大赦令《たいしゃれい》で、松陰が正式に赦免《しゃめん》されると、長州藩は隠居を命じていた父・百合之助を赦免し、再び出仕させる。翌三年（一八六三）一月十七日のことである。四月二日には吉田家の再興が許可され、梅太郎の長男・小太郎《こたろう》が吉田家を相続した。

松陰の死後、その代名詞でもあった松下村塾はどうなったのか？

久坂や高杉たち門下生の活躍が注目される反面、松陰亡《な》き後の塾について関心が向けられることはあまりない。事実上の〝休眠状態〟にあったが、慶応元年（一八六五）十一月より馬島甫仙《まじまほせん》という門下生が教鞭《きょうべん》を取っている。甫仙は藩医の家に生まれ、松陰の信頼も厚かった人物だ。

松陰が主宰していた時代とは違い、塾での講義内容は『大学《だいがく》』『詩経《しきょう》』『易経《えききょう》』など中国の古典の講読《こうどく》に特化していた。**政治や時事問題について議論を戦わせる場ではない。いわば〝政治塾〟ではなかったわけである。**明治三年（一八七〇）まで、甫仙は後進の指導にあたる。

だが、明治三年に甫仙が塾を去ると、再び休眠状態となる。そこで再建に乗り出したのが松陰の叔父・玉木文之進《たまきぶんのしん》だ。元を正せば、松下村塾は文之進が自宅で開いていた塾であり、創立者として塾の現状を黙視できなかったのである。

明治二年頃、文之進は藩の役職を辞して隠退する。隠退後は、自宅で塾を開き再び教鞭を取ったが、五年正月には休眠状態となった塾を引き取る形で、文之進宅を教場《きょうじょう》とする松下村塾が授業を開始する。約三十年の歳月を経て元に戻った形だった。

新生・松下村塾には多くの学生が通った。**長州藩では神格化されていた松陰の叔父が、自ら教鞭を取っていたことが評判を呼んだ**のだろう。

松陰の跡を継いだ吉田小太郎も学ぶようになる。しかし、松下村塾の再建は松陰の遺族たちにとり、再びの〝悲劇のはじまり〟であった。

## ❖〝松下村塾〟出身者での確執――「木戸・山県」と対立した前原一誠

松下村塾の門下生で、明治維新を見ずして生涯を終えた者は少なくない。

久坂玄瑞は元治元年（一八六四）の禁門《きんもん》の変で自害し、高杉晋作は慶応三年（一八六七）に結核《けっかく》のため病死した。一方、維新を生き抜いた木戸孝允、伊藤博文、山県有朋、品川弥二郎《しながわやじろう》、山田顕義《あきよし》たち門下生は政府高官に立身していくが、そのなかで〝浮いた存在〟となり非業《ひごう》の死を遂げた人物がいる。

萩の乱の首謀者として処刑された前原一誠《まえばらいっせい》である。

高杉と同じく上級藩士の家に生まれた前原は、二十四歳の時に入門した。門下生には十代の少年が多かったため、塾では年長者《ねんちょうしゃ》だった。松下村塾の双璧《そうへき》である久

山田顕義（国立国会図書館蔵）

品川弥二郎（国立国会図書館蔵）

坂や高杉よりも年上であり、松陰とも四歳しか離れていない。一歳年上の木戸のように、門下生のなかでは〝兄貴分〟のような存在だった。

よって、木戸、久坂、高杉とともにリーダー的な立場に収まり、長州藩を代表する尊王攘夷の志士として東奔西走《とうほんせいそう》する。藩の要職を歴任し、四境《しきょう》戦争とも称される幕府との戦い（第二次長州征伐）では参謀を勤めた。諸隊《しょたい》の指揮も取り、幕府の戦いに勝利を収める。

戊辰戦争では奇兵隊が派遣された越後に出征し、新政府軍の参謀として活躍したが、戦費調達や占領地の民政をめぐって木戸と対立する。明治二年（一八六九）二月、前原は越後府判事に任命されるが、政府の了解を取ることなく信濃《しなの》川分水《ぶんすい》工事に着手したため、**「長州藩を代表」して政府の中心となっていた木戸との関係がさらに悪化する。**

七月八日、前原は参議に転じる。同年十二月、凶刃に斃《たお》れた大村益次郎の後任として兵部大輔に任命されたが、少輔の山県とはそりが合わなかった。松下村塾では後輩にあたる山県は、木戸派と目されていた。

さらに、薩摩藩士で兵部大丞《だいじょう》を勤めていた黒田清隆とも対立する。黒田とは、戊辰戦争以来の確執《かくしつ》もあった。

その上、同年十二月に勃発した**「脱退騒動」では蜂起した諸隊との話し合いによる解決を望んだため、武力鎮圧を強く主張した木戸との関係は抜き差しならないもの**となっていく。

前原一誠（写真：近現代PL/アフロ）

嫌気が差した前原は兵部大輔を辞め、帰国の途に就いてしまう。後任には山県が就任する。

下野した前原は政府に強い不満を抱きながら、萩の乱を迎えることになる。

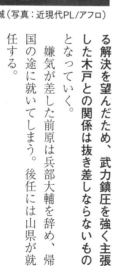

## ❖「特権廃止」に士族が猛反発――長州の〝私学校〟となった松下村塾

明治九年（一八七六）に入ると、政府は武士つまり士族の特権廃止に着手する。三月二十八日、帯刀を野蛮《やばん》なものとして嫌悪する外国人への配慮から、軍人・警官以外の帯刀を禁止する廃刀令《はいとうれい》が布告される。武士の魂《たましい》を帯びることを禁じられた士族の反発は必至だった。

八月五日には金禄公債《きんろくこうさい》証書発行条例が公布され、家禄の支給が停止される。歳出の約三割にも及んだ家禄の支給負担に、政府が耐え兼ねたのである。代って公債証書が支給されたが、家禄償還の開始は〝五年後〟のことであり、経済的にも士族は追い詰められる。

士族の不満は高まり、各地で反乱が頻発《ひんぱつ》する運びとなる。

明治七年の佐賀の乱の際、萩に戻っていた前原の動向が注目を浴びる。政府は、佐賀の乱が他県に波及することを恐れた。既に述べたとおり、蜂起した佐賀県士族から鹿児島県士族に対する働きかけもあった。江藤も西郷と面会している。

政府に不満を持つ山口県士族たちが、江藤に呼応する可能性は高い。脱退騒動の

吉田松陰像と萩の街（写真：三木光/アフロ）

記憶もまだ新しい。政府の意を受けた山口県権令《ごんれい》の中野梧一《ごいち》は自ら萩に赴《おもむ》き、前原の取り込みをはかる。

佐賀の乱は大久保の迅速な処置により早期鎮圧され、山口県士族が呼応する事態も起きなかったが、その動向は引き続き政府から危険視される。一時下野して山口県に戻っていた木戸は、前原と面会を重ねる。政府に不満を持つ士族と前原を切り離そうとするが、結局のところ失敗に終わる。

明治九年三月に廃刀令が布告されたわけだが、萩ではこれを認めようとしない士族が帯刀して街中を闊歩《かっぽ》し、政府を罵《ののし》ったという。八月には家禄の支給が停止され、彼らの怒りは頂点に達する。

その頃、再建された松下村塾の教育内容

は大きく変化していた。

それまでは儒学書の講読がメインだったが、一連の政情不安を背景に乗馬、剣術、射撃などの訓練が繰り返される。**軍人訓練に他ならない。いわば、鹿児島県でいうところの「私学校化」である。**

政府の近代化政策に不満を持ち、不穏な動きを見せる山口県士族たちの結集の場となっていたのが、実は松下村塾だったのだ。吉田家を相続した小太郎もその中心メンバーとなっていく。

メンバーの拡大を目指す不平士族にとり、**長州藩の〝精神的支柱《しちゅう》〟たる松陰の後継者・吉田小太郎を引き入れることはきわめて重要なことだったが、それは政府高官となっていた松陰門下生たちが最も恐れたこと**でもあった。

山口県の不平士族は、前原を首領として蜂起する計画を進める。小太郎もこれに加わった。いよいよ、萩の乱が勃発する。

## ❖「九州と連携」しようとした萩の乱――松下村塾の〝ふたたびの悲劇〟

この頃、挙兵を決意した前原のもとには、九州からの来訪者が相次いでいた。挙兵を企図していた熊本県士族や、福岡県秋月《あきづき》の士族からの使者である。

熊本県では、政府の近代化政策に反発する士族が敬神党《けいしんとう》を結成し、気焰《きえん》を上げていた。前原は敬神党と連絡を取り合っていたが、十月二十四日、敬神党は「神意《しんい》」と称して突如《とつじょ》蜂起し、熊本県令・安岡良亮《やすおかよしすけ》、鎮台司令長官・種田政明《たねだまさあき》などを殺害した（神風連《しんぷうれん》の乱）。

鎮台兵の反撃に遭い、翌日には壊滅してしまうが、二十七日には秋月に飛び火する。秋月の乱もやがて鎮圧されるが、神風連の乱の報に接した前原は挙兵を決意する。

二十八日、長州藩の藩校だった旧明倫館《めいりんかん》に士族たちが集結し、殉国軍《じゅんこくぐん》と称して挙兵した。ここに萩の乱がはじまる。**殉国軍には、松下村塾の門下生も大勢加わっていたが、そのなかには吉田小太郎の姿もあった。**

前原たちは県庁の襲撃をはかるが、政府の対応も迅速だった。十月三十一日より、殉国軍は山口から進撃してきた政府軍と萩で激突するが、陸からの攻撃のみならず、萩湾に入った軍艦からの艦砲《かんぽう》射撃も受け、敗退を余儀なくされる。

十一月二日未明、戦局を打開するため小太郎たちは政府軍に斬り込むが、壮烈《そうれつ》な戦死を遂げる。

神風連の乱の石碑（熊本城公園内）

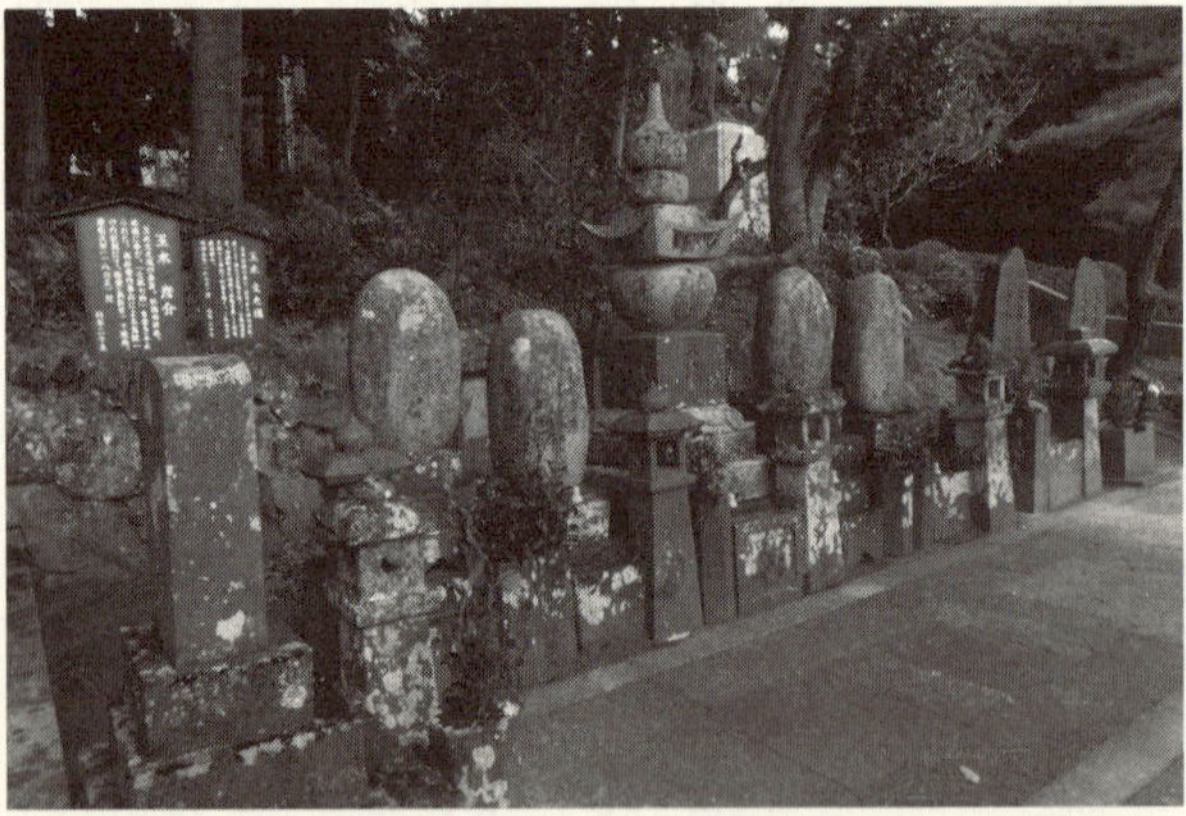

玉木家の墓所（山口県萩市）

再起をはかる前原は島根に逃れるが、五日には捕縛される。翌六日、萩の乱に大勢の塾生が参加していたことの責任を取る形で、玉木文之進が玉木家の墓前《ぼぜん》で自刃《じじん》した。前原が萩で処刑されたのは、十二月三日のことである（海原徹『松下村塾の明治維新』ミネルヴァ書房、一九九九年）。

## ❖あたかも〝独立国〟の様相——私学校が「鹿児島県政」を左右する

連鎖的に起きた士族の反乱は政府軍の前に潰《つい》えたが、鹿児島県に波及しないはずはなかった。政府への不満を募らせながらも、この時点では挙兵の意思はなかった西郷だが、私学校に結集する同県士族たちは〝暴発寸前〟だった。**前原が山口県から挙動が監視されていたのとは対照的に、西郷が設立した私学校は鹿児島県との結びつきを強めていた。**その梃子《てこ》となったのが「大区小区制《だいくしょうくせい》」である。

政府は廃藩置県後、数ヶ町村を合わせて小区とし、数ヶ小区を合わせて大区とする大区小区制の採用を各府県に命じた。大区に区長・副区長、小区には戸長《こちょう》が置かれたが、鹿児島県の場合、西郷に追随して鹿児島に戻った士官たちが区長などに任命された。失職した士族たちが帰郷して、行政職に採用された格好だった。

西南戦争時には、区長たちが大区小区内の士族を動員し、そのまま西郷軍の各指揮官を勤めることになる。

区長たちは職権を活用して区内の青少年に私学校への入学を勧誘《かんゆう》したため、県内における私学校の影響力はますます強まっていく。**私学校の協力なくして、県も施策を進められなくなる。**私学校の意向に配慮し、徴兵検査の実施といった政府の指令を拒否することさえみられた。

幕末以来、薩摩藩に対する不信の念が拭い去れない木戸などは、**鹿児島県はあたかも〝独立国〟の様相を呈している**と批判し、大久保に善処《ぜんしょ》を求めたほどだった。

木戸に指摘されずとも、政府にとり鹿児島県士族の動向は悩みの種だったが、明治十年(一八七七)に入ると、ついに鹿児島県に反乱が飛び火する。〝史上最大の内戦〟となる西南戦争の幕開《まくあ》けである。

## (四) 上京をはかる西郷の挙兵――「日本史上、最大で最後の内戦」

### ❖弾薬庫接収と西郷暗殺計画――「もはや彼らの怒りを抑えられない」

明治十年の一月下旬より、鹿児島県の状況を憂慮する政府は、三菱から徴用《ちょうよう》した汽船を鹿児島に向かわせ、草牟田《そうむた》弾薬庫の銃砲・弾薬の接収を開始する。銃砲などが私学校の手に落ちるのを恐れたわけだが、これが西南戦争の直接のきっかけとなる。

政府は先手を打って武器や弾薬を押さえ、私学校を壊滅《かいめつ》させようとしている。生徒たちは追い詰められていく危機感から、二十九日夜に草牟田弾薬庫を襲い、弾薬を奪い取ってしまう。海軍造船所なども襲った。

政府施設を襲撃した以上、ただでは済まない。

大隅《おおすみ》半島の小根占《こねじめ》に狩猟に出掛けていた西郷は弾薬庫襲撃の報《ほう》に驚き、急ぎ鹿児島に戻った。二月三日のことである。

私学校の生徒たちが弾薬庫襲撃に走ったのには、もう一つ伏線《ふくせん》があった。

当時、鹿児島県出身の警察官たちが多数帰郷中だった。彼らは、鹿児島の私学校本校と各郷に置かれた分校の間に楔《くさび》を打ち込み、**反政府の拠点と化した私学校の内部分裂をはかる密命《みつめい》**を帯びていた。薩摩藩出身で大警視《だいけいし》となっていた川路利良《かわじとしよし》の策である。

大久保に引き立てられた川路は、全国に密偵を放ち不平士族の動向を探ったが、鹿児島県も例外ではない。配下の警察官を帰郷させる形で鹿児島に送り込み、私学校の内部分裂つまりは弱体化を策したが、それは〝挑発行為〟以外の何物でもなかった。

狙い撃ちされた私学校では、政府に対する怒りが沸騰する。そうしたなか、草牟田弾薬庫の銃砲・弾薬の接収が開始されたため、生徒たちは堪忍袋《かんにんぶくろ》の緒《お》を切って襲撃に走ったわけである。

私学校と一体化していた県庁は、帰京していた警官たちを捕《とら》えて拷問《ごうもん》にかける。その結果、少警部《しょうけいぶ》の中原尚雄《なかはらなおお》から**「西郷暗殺の密命が下っていた」**との供述を得た。

西郷暗殺の事実関係は定かではないが、私学校に結集する士族を激高させるのに充分過ぎるほどの証言だった。

もはや西郷であっても、彼らの怒りを抑えることはできなかった。

西郷にしても、政府の方針には大いに不満を抱いていた。国難の際には身命を捨てる覚悟も抱いており、「これも天命《てんめい》」と自分に言い聞かせ、私学校に集結した士族たちに自分の身を任せる覚悟を決める。

二月五日、西郷を交えて私学校の幹部たちの会議が開かれ、出兵が決まる。すぐさま私学校は出兵準備に取り掛かり、十日ほどで戦備《せんび》を完了した。西郷直率《じきそつ》の部隊や砲兵などを合わせると、西郷軍は総勢一万六千人にも達した。

## ❖「西郷挙兵」と呼応する各地の士族たち——大久保の〝予想〟が外れる

西郷が挙兵を決断した翌日にあたる二月六日、作戦会議が開かれた。長崎で政府の軍艦を奪取して東京や大阪を突く、熊本・長崎・大分の三方面から陸路進軍するという案も出されたが、全軍をもって鎮台が置かれた熊本に向かうことに軍議は決した。

西郷軍に熊本鎮台を侮《あなど》る空気があったのは否めない。鎮台兵は徴兵令により集められた農民に軍事訓練を施《ほどこ》した兵士が基幹で、その質は劣っていた。政府軍も鎮台兵の質はよくわかっており、士族出身の警官を前線に投入することになる。

**熊本鎮台の参謀長は薩摩藩士だった樺山《かばやま》資紀《すけのり》だが、西郷軍側は帰順《きじゅん》してくると期待していた。**そもそも、陸軍には薩摩藩出身者も大勢残っていた。海軍トップの大輔・川村純義《すみよし》は西郷の遠い親戚でもあり、同じく軍艦を率いて帰順するという期待もあった。

樺山資紀（国立国会図書館蔵）

要するに、西郷軍は戦況を楽観視していた。西郷が進撃すれば、政府にとどまった元薩摩藩士たちが駆け付ける。政府に不満を持つ士族たちも集まってくる。実際、九州各県の士族が馳《は》せ参じてきた。農民兵を基幹とする熊本鎮台など恐れるに足らない。

そうした〝甘い読み〟が西郷たちをして全軍での熊本進撃案を採《と》らせたが、敗北の大きな原因となることは、これから述べていくとおりである。

西郷は作戦の指揮を直接取らず、敗色濃厚になるまで桐野利秋たち幕僚に任せた。兎《うさぎ》狩りに明け暮れていたという。そのため、**西郷軍は指揮の統一が取れず、各隊長がバラバラで戦った。これも敗因の一つとなる。**

同十二日、西郷は県令・大山綱良《つなよし》宛に、桐野・篠原国幹との連名で次のような書面を届け出る。

西郷暗殺の件を政府に問いただすため、多数の兵士を率いて東京へ向かう。通過する地域の人民が動揺しないようにして欲しい。

十四日、県令の大山は西郷の依頼に応え、その旨を九州各県に向けて通知した。通知文には、西郷出兵の件は政府にも届け出たこと、西郷暗殺の密命を受けて帰省したと県に自首した野村綱《つな》の口述書も付け加えられていた。

十五日より、西郷軍は順次鹿児島を出陣する。その主力は、鎮台が置かれた熊本城の攻略を目指した。

弾薬庫襲撃の報を受け、すぐさま政府は鎮圧の準備に入ったが、**西郷が鹿児島県士族たちの首領に祀《まつ》り上げられることはないと大久保は考えていた。**西郷にその意思などない。だが、その読みは外れる。

十九日、西郷軍が大挙北上を開始したとの報を受けた政府は、征討令を発する。

奇《く》しくも征討総督は、戊辰戦争では西郷の上官で東征大総督だった有栖川宮熾仁《ありすがわのみやたるひと》親王。陸軍卿の山県有朋、海軍大輔の川村純義が、参軍《さんぐん》として有栖川宮を補佐した。二十五日には西郷たちの官位が剝奪《はくだつ》される。

明治維新の時とは一転、西郷は朝敵、つまり〝賊軍《ぞくぐん》〟に転落した。

## ❖「征討軍」が九州へ向かう――〝賊軍〟に転落した西郷の誤算と動揺

政府は、西郷軍の進撃開始に先立ち、鎮圧準備に着手していた。

二月十日、士族出身の巡査（ポリス）から編制された六百人の警視隊《けいしたい》が横浜に到着。翌十一日には九州へと向かった。近衛兵や東京鎮台の主力も神戸に進ませ、大坂鎮台には待機を命じた。出兵準備である。十四日、政府は熊本鎮台に対して〝熊本城死守《ししゅ》〟を命じた。

二十日、熊本鎮台への援軍として、野津鎮雄《のづしずお》少将率いる第一旅団《りょだん》と三好重臣《みよししげおみ》少将率いる第二旅団が神戸を出発し、海路九州へ向かった。第一・第二旅団とは、近衛兵、東京鎮台、大坂鎮台を野戦《やせん》用に再編成した部隊だった。二十二日、両旅団は博多《はかた》に上陸する。

西南戦争時の熊本鎮台首脳部。前列中央が司令長官・谷干城、前列右から二人目が参謀長・樺山資紀（写真提供：毎日新聞社）

**西郷が〝朝敵〟として討たれる立場に転落すると、九州各地に動揺が広がっていく。**

西郷は「鹿児島県を通じて、政府に届け出た上での出兵である」と九州各県に通知させたが、その直後に政府から西郷追討《ついとう》の命が下る。

不審に思った各県からは、西郷のもとに問い合わせが相次ぐ。県によっては挙兵の理由とも言うべき野村たちの口述書を付けずに、西郷軍の通過を県内に布告する事例もあったため、当該《とうがい》地域では混乱が生じた。

西郷は三月二日付の大山宛書状で、鹿児島県が各県に通知した文書と野村たちの口述書を急ぎ五十部ずつ送って欲しいと依頼

現在の熊本城（写真は震災前のもの）

している。各県に改めて配布することで、賊軍ではないことを周知させようと目論む。

五日付の大山宛書状では、征討軍派遣に強く抗議する書面を、総督・有栖川宮に提出して欲しいとも依頼した。**征討軍を差し向けられたことに困惑、そして衝撃を受けた西郷の姿が浮かんでくる。**

西郷にとっては誤算のはじまりだった。

熊本城の攻撃は、二月二十一日より開始される。政府に不満を持つ熊本県士族もこれに加わった。迎え撃つ熊本鎮台の司令長官・谷干城《たてき》は、土佐藩出身である。

西郷軍のうち五千人ほどが、熊本城攻《こう》城《じょう》戦に参加した。かたや籠城《ろうじょう》の鎮台兵は、約三千五百人。西郷軍による熾烈《しれつ》な攻撃の前に鎮台側は損害が続出するが、士気は非常に旺盛《おうせい》だった。

攻撃に先立ち、熊本鎮台には西郷の名で次のような趣旨の文書が送られていた。西郷軍が熊本城下《じょうか》を通行する際、兵隊は整列してその指揮を受けるように。

鹿児島県が作成した文書だったが、あたかも〝降服《こうふく》勧告〟のような内容に司令長官の谷は激怒する。薩摩藩出身の参謀長・樺山資紀も激怒し、鹿児島県から派遣された使者に文書を突き返した。

熊本鎮台は、籠城による徹底抗戦の意思を固める。政府からの命令でもあった。

そして、城下町を自ら焼き払う。城下に建物があると、攻城側の西郷軍の拠点となるからだ。城下は火の海となる。

一方、鹿児島県が鎮台宛に作成した文書を読んだ西郷は、その内容があまりに高《たか》飛車《びしゃ》なことに驚く。これでは、逆に敵に回してしまう。急ぎ回収を命じたものの、間に合わず、危惧したとおりの事態を招く。

**帰順を期待していた熊本鎮台は、完全に敵に回った。**これにしても、西郷の誤算に他ならなかった。

## ❖熊本城を「一気に攻め落とす」はずが――最大の激戦〝田原坂の戦い〟

二月二十二日より、西郷軍は熊本城に対して本格的な攻勢に出る。西郷軍は一気に攻め落とす構えで強襲《きょうしゅう》に出たため、防戦にあたった参謀長の樺山まで重傷を負う。しかし、西郷軍の攻撃は統一性が取れておらず、各隊がバラバラに攻撃するだけだった。

鎮台側の奮戦も相まって、西郷軍は城内に攻め入ることができなかった。翌二十三日も攻撃を続行したが、戦況は変わらず、強襲による速攻《そっこう》を断念する。

政府軍が南下し、熊本に迫りつつあったからだ。西郷軍としては、これほど早く政府軍が迫ってくるとは想定していなかった。

鎮台側だけでなく、攻め手の西郷軍の死傷者《ししょうしゃ》も増えていた。これ以上、熊本城の攻城で損害を増やすわけにはいかなくなる。二十二日には、第一・第二旅団からなる政府軍は博多への上陸を完了していた。

熊本城で足留めを食《く》っている間に、政府に鎮圧体制を整えさせる時間を与えてしまったことが、戦略的にみると西郷軍敗北の最大の理由となる。

「鹿児島征討記内 熊本城ヨリ諸所戦争之図」(写真提供：PPS通信社)

「佐土原城進撃之図」。中央奥の馬上に西郷隆盛が描かれている(国立国会図書館蔵)

西郷軍は熊本城を包囲したまま、主力を北上させる。征討軍を迎撃する構えに入ったが、次第に政府の海軍力が威力を発揮しはじめる。
島原《しまばら》湾や八代海《やつしろかい》に政府の艦艇《かんてい》が展開し、沿岸の西郷軍陣地への艦砲射撃を開始する。合わせて海上封鎖《ふうさ》をはかり、補給品を満載した西郷軍の輸送船を拿捕《だほ》したため、その兵站《へいたん》は大打撃を受ける。

**大量の物資を輸送できる海上からの補給路を断たれたことで、食糧や武器弾薬の輸送は陸路のみとなった。**西郷軍は補給に苦しむが、対照的に政府軍には海上から武器や食糧が続々と届けられる。この差がじわじわと西郷軍を追い詰めていく。

熊本城を攻めあぐねていた西郷軍主力は、熊本北方の高瀬《たかせ》に集結しつつあった政府軍への攻撃に転じる。二十七日より攻撃を開始したが、政府軍の反撃も凄まじく、西郷軍は〝北進〟を断念せざるを得なかった。

政府軍は西郷軍を追撃せず、高瀬で増援部隊の到着を待った。三浦梧楼《みうらごろう》少将率いる第三旅団と、大山巖少将率いる別働《べつどう》第一旅団が到着の予定であった。

その間、西郷軍は高瀬から熊本に向かう主要道路である田原坂《たばるざか》に陣地を構築し、迎撃の体制を取る。こうして、**西南戦争〝最大の激戦〟として知られる田原坂の戦いがはじまる。**

翌四日より政府軍の総攻撃が開始されたが、両軍で戦死者が続出する。西郷軍も幹部の篠原国幹が戦死した。その後も連日、大激戦が続く。補給ははるかに勝《まさ》る政府軍だったが、西郷軍の白刃《はくじん》突撃には苦しめられた。そのため、警視隊から剣の達人を選抜して抜刀《ばっとう》隊《たい》を結成する。十四日より戦線に投入された抜刀隊は、田原坂の戦いの勝利に大きく貢献することになる。

三月二十日の総攻撃により、田原坂は陥落する。西郷軍は三千人を超える死傷者を出したが、政府軍の戦死者も千六百人を超えた。

田原坂陥落後も、西郷軍は新たな防衛線を構築して政府軍の追撃を押しとどめる。だが、その防衛線が突破されるのは時間の問題だった。

篠原国幹戦没の地の山桜（吉次峠）

## ❖島津久光への勅使派遣──守りの薄い鹿児島に〝海路〟で攻め寄せる

西郷軍と政府軍が田原坂で激戦を繰り広げていた頃、鹿児島では異変が起きる。三月七日、勅使・柳原前光《さきみつ》が軍艦四隻のほか護衛兵二千人を率いて、海路鹿児島に入ったのだ。

政府は西郷挙兵を受け、同じく政府に不満を持つ島津久光が反乱に加わることを恐れた。**西郷と久光が手を組めば、「政府と西郷の戦い」から「政府と薩摩藩の戦い」になり兼ねない。**

当時の久光には、私学校の生徒と密議《みつぎ》している、銃砲を渡しているとの風説があった。何としても二人を分断しなければならないとして、久光に勅使が派遣されたのである。

久光は勅使からの糾問《きゅうもん》に対し、一連の風説は根も葉もない噂話と強く否定する。勅使は了解したが、西郷に協力してきた鹿児島県令の大山は身柄を拘束され、長崎に連行される。後に西郷軍への公金供与《きょうよ》の罪を問われ、斬首に処せられた。

一方、鹿児島県に捕えられていた中原尚雄たち警官は釈放された。鹿児島に貯蔵

西南戦争で鹿児島湾に浮かぶ政府軍の艦艇（写真提供：毎日新聞社）

されていた弾薬もすべて政府に押収される。

西郷軍は主力が熊本に出払《ではら》っており、鹿児島の守りはたいへん手薄だった。その隙《すき》を突かれた格好である。

さらに、柳原を護衛してきた将兵二千は別働第二旅団として西郷軍の背後を衝《つ》くことになった。勅使護衛の任にあたった陸軍中将・黒田清隆が参軍として指揮を取った。

十九日、黒田率いる別働第二旅団は薩摩から肥後《ひご》に入り、八代《やつしろ》を占領する。西郷軍の背後に迫った。西郷は南北から挟撃《きょうげき》される事態に追い込まれる。

そして、政府軍は熊本城に籠《こも》る鎮台将兵の解放を目指した。熊本城に向かう兵数は約七千。かたや、熊本城包囲の西郷軍は二千五百人だった。

四月十二日より政府軍は作戦を開始し、十四日に別働第二旅団が城内に突入する。約五十日ぶりに熊本城は解放され、攻囲《こうい》していた西郷軍は退却した。

二十日には、三万を超える政府軍と約八千の西郷軍が、熊本城近くの肥後平野で一大決戦に及ぶ。城東《じょうとう》会戦と呼ばれた戦いで西郷軍は破れ、肥後人吉《ひとよし》に撤退する。要害《ようがい》の地とも言うべき人吉に本営《ほんえい》を移して守りを固め、再進撃の機会を窺《うかが》う。

**政府軍は西郷軍の追撃体制を整える一方で、鹿児島の占拠を目指す。**

鹿児島には一度進駐《しんちゅう》したが、占領までには至らなかった。鹿児島県士族の反発を危惧し、軍艦による警戒にとどめていた。

しかし、熊本城の解放そして城東会戦での勝利を機に、陸軍部隊の鹿児島駐屯を決める。

二十七日、大兵を率いた参軍の川村が上陸し、鹿児島を占領した。西郷軍の反撃に備え、防御陣地の構築に入る。

五月に入ると、西郷軍は鹿児島奪還を目指して何度となく攻撃に出るが、増援兵も得た政府軍の反撃に遭い、退却していった。六月二十四日、政府軍は鹿児島城下を制圧する。

**西郷軍は〝帰るべき場所〟を失った。**

## ❖「城山の露」と消える――血路を開いて鹿児島に戻った〝西郷軍残党〟

四月二十七日、西郷軍は人吉に入ったが、政府軍の追撃を防ぎ切ることはできなかった。六月一日、政府軍は人吉を占領。西郷軍は日向路《ひゅうがじ》に敗走していく。

日向では要害の地である都城《みやこのじょう》を拠点に政府軍との戦いを続けたが、七月二十四日には都城も失陥《しっかん》する。北に追い上げられる形で西郷軍は敗走していく。

八月十四日には延岡《のべおか》も奪われ、西郷軍は〝絶体絶命〟の窮地に追い込まれる。鹿児島を出陣した時は一万六千人もの軍勢を誇ったが、約半年にわたる戦いで大いに消耗し、兵数も三千五百人にまで減っていた。

それまで西郷は兵の指揮を桐野たちに任せていたが、この日の軍議を境《さかい》に自ら指揮を取る。

翌十五日、延岡奪還を目指して陣頭指揮を取ったが、西郷をもってしても兵数の差はいかんともし難《がた》かった。逆に延岡近くの可愛岳《えのだけ》に追い詰められる。数万の政府軍に十重二十重《とえはたえ》に包囲された。

敗色濃厚の西郷軍は逃亡や投降《とうこう》が相次ぐ。西郷とともに可愛岳に立て籠もったの

城山から眺めた桜島（鹿児島市）

は二千人ほどだった。

十六日午後、「万事休す」と判断した西郷は全軍に解散令を下す。大半が政府軍に降服した結果、西郷のもとにはわずか六百人のみ残った。

西郷は包囲を突破し、血路《けつろ》を開くことを決める。

十七日夜より、西郷は最後まで自分に従った兵を率いて脱出をはかる。激闘の末、包囲網の突破に成功した。長駆、鹿児島への帰還を目指す。

**その後、約四百キロにもわたる半月の行軍を経て、西郷は鹿児島まで辿《たど》りつく。〝終焉の地〟となる城山《しろやま》を占領する。私学校や県庁の占領にも成功した。**九月一日のことである。

「城山最期の決戦」(提供：PPA/アフロ)

政府軍は、山岳地帯を縫《ぬ》うように進んだ西郷軍の足取りを摑《つか》むことに手間取る。その上、鹿児島には僅《わず》かの兵しか駐屯させていなかったため、西郷軍の突入を許してしまう。

しかし、結局は多勢に無勢《ぶぜい》である。西郷は私学校や県庁を放棄し、残存の兵を率いて城山に籠る。

西郷軍の鹿児島突入を知り、政府軍も続々と鹿児島に集結する。

その兵数は五万にも達したが、西郷のもとに残った鹿児島県士族はわずか三百七十二人に過ぎなかった。政府軍に攻撃を仕掛けるも、ことごとく失敗。最後の時が近づく。城山に籠る西郷軍の包囲網を完成させた参軍の山県は、総攻撃の期日を九月二十四日と定めた。

午前四時、政府軍は城山に籠る西郷軍に総攻撃をかけた。三時間ほどの激闘の末、西郷は自決。城山の露《つゆ》と消える。両軍合わせて一万人以上もの戦死者を出した、日本史上最大で最後の内戦、西南戦争は〝西郷の死〟とともに終わった。

ここに、**明治政府の基盤は確固たるもの**になるが、政府への不満は収まらなかった。

西郷人気の高まり、西郷の〝名誉回復運動〟という形で噴出していくのである。

## (五) 現代に続く「西郷伝説」の誕生——人々の心に残したもの

### ❖東京で飛ぶように売れた「西郷の錦絵」——〝不倶戴天の敵〟から逆転

西南戦争は現在の鹿児島・宮崎・熊本・大分県が戦場だったが、その影響は全国に波及する。特に九州各地からは、政府に不満を持つ士族たちが西郷軍に続々と加

「鹿児嶋の暴徒出陣の圖」。「新政厚徳」の旗を掲げる西郷隆盛の姿が描かれている（提供：PPA/アフロ）

「鹿児嶋征討出陣図」。同じく「新政厚徳」の旗が、右端の西郷隆盛の頭上に翻っている（国立国会図書館蔵）

わった。

西南戦争は、当時の新聞や錦絵《にしきえ》でも大きく取り上げられた。新聞記事によれば、西郷は「新政厚徳《しんせいこうとく》」の旗を掲げて進軍したという。「新政厚徳」とは、万民に平等な新しい政治というような意味である。

その記事を受けて、**「新政厚徳」の旗を掲げる軍服姿の西郷の姿が錦絵に描かれると、瞬《またた》く間に大ヒットする。**

当時、錦絵は価格が安く、庶民にも買い求めやすかった。それだけ、庶民の間では〝西郷の人気〟が高かった。言い換えると、政府に対する不満は大きかった。

そして、西郷への期待感あふれる錦絵が最も人気を呼んだのは東京である。ともかくも、西南戦争の折の西郷人気は凄まじかった。

**江戸っ子の流れを引く東京市民にとり、西郷は幕府を倒した張本人だ。不倶戴天《ふぐたいてん》の敵のはずだったが、異常なほどの人気を呼んだのは〝反政府の頭目〟に変身したからである。**政府への不満や反感を、西郷一人が吸収していた。

第一章でも触れたが、近代日本の女性解放運動のシンボルである山川菊栄《きくえ》には、『おんな二代の記』という作品がある。母の青山千世《ちせ》から聞かされた明治維新の諸相についての記録集だが、西南戦争時の東京の様子が次のとおり紹介されている。

東京市民の間での西郷人気とは、明治政府に対する〝反発の裏返し〟に他ならなかったことがよく分かる証言だ。

そのころの西郷の人気はたいしたもので、――というのが、いろいろの意味での個人的不平や社会不安がそこに大きなはけ口を見出したからでしょう――なにがなんでも西郷さんが出なくてはだめだ、どうでも西郷さんに勝たせたい、という声ばかり。当時の江戸っ子には「徳川さまのご治世《ちせい》」を謳歌《おうか》するものさえまだ相当残っており、田舎者《いなかもの》に天下をとられたのをくやしがり、庶民の声をよく伝えるお湯屋《ゆや》などでは女でもよく
「こんなばかくせえ世の中がいつまでもつづいてたまるもんけえ、どうせ徳川さまがいまにまたお帰りになるにきまってらァな」
などといったもので、それをきくとあっちこっちで「そうよ、そうよ」とあいづちをうつ（中略）。
「権現さま」（家康）万能の江戸っ子まで、ひいき相撲か役者ででもあるかのように西郷びいきで、なにがなんでも西郷に勝たせたいというものばかり（山川菊栄『おんな二代の記』平凡社東洋文庫、ルビを補足〈以下同じ〉）

二百六十年余の長きにわたり、将軍のお膝元としての誇りを持ち続けた江戸っ子にしてみれば、薩長出身者が徳川家に代って政権の座に就いた事実を、簡単には受け入れられなかった。江戸城開城から十年も経過していなかった。

よって、江戸っ子から東京市民に変身させられた彼ら彼女たちの鬱憤が、このような湯屋での会話につながったのである。

**徳川家の〝再登板〟**も期待しているかのような、政府にとっては黙視《もくし》できない会話も繰り広げられた。千世の証言は女性どうしの会話を伝えたものだが、男性どうしでは、もっと過激な会話が交わされただろう。

武力で政府に刃向《はむか》うことはできず、言論をもって政府への不満を表明するわけにもいかない。不満は家庭内や仲間内、あるいは湯屋での会話にとどまらざるを得なかったが、ここに西郷が決起した。

**「何とかして西郷に勝たせたい」という空気が盛り上がり、西郷が異常人気となったのも、**時代背景を踏まえれば当然の流れだった。再び政権交代となり、将軍のお膝元としての江戸が戻ってくるのでは、という淡《あわ》い期待があったかもしれない。

その一方、西南戦争を別の角度から見ている者たちも大勢いた。会津藩など薩長

「西郷城山戦死圖」。西郷隆盛が最後の指揮を執っている（提供：PPA/アフロ）

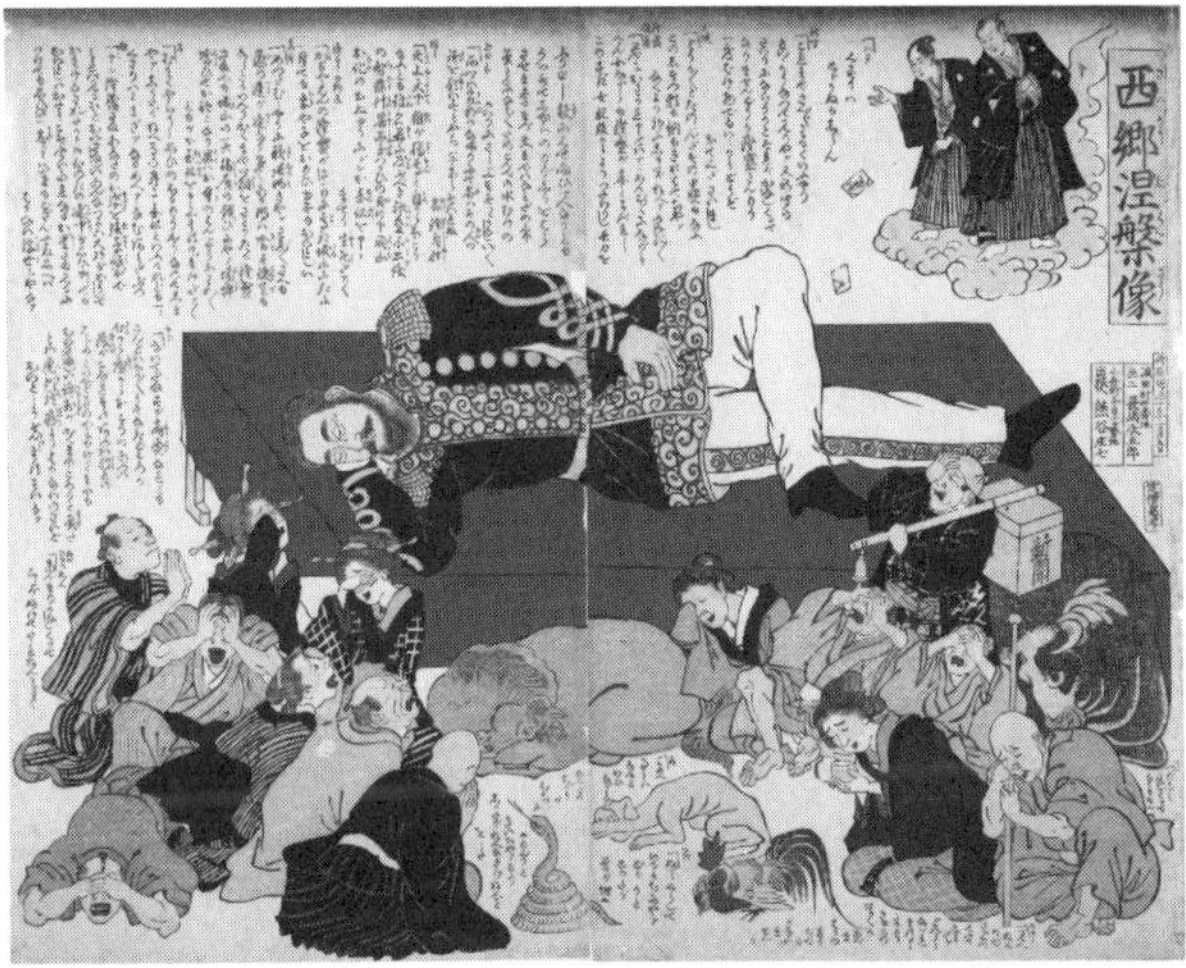


「西郷涅槃像」。西郷の死を嘆き悲しむ人々と動物たち（国立国会図書館蔵）

に苦難をなめた東北諸藩出身の士族たちだ。立場が逆転した東北諸藩の士族たちは、義勇兵《ぎゆうへい》のような形で政府軍に勇躍《ゆうやく》馳せ参じている。

維新のとき、賊軍として薩長のために恨みをのんだ東北諸藩の人々は大喜び。こんどはこっちが官軍、むこうは賊だ、天下晴れてかたき討ちができると、勇躍、討伐軍に従いました。

同じ徳川方といっても、西南戦争に対する立場は、全くの正反対だった。

## ❖西郷の「名誉回復運動」と銅像建設——天皇に直接訴え出た勝海舟

征韓論政変の際、幕末以来の〝西郷の同志〟だった旧薩摩藩士は二つに割れた。大久保利通を筆頭に弟の従道、従兄弟の大山巌、黒田清隆、吉井友実たちは、心ならずも西郷下野の引き金を引く役回りとなる。西南戦争では西郷を討伐する側に立った。

西郷一周忌《き》の日にあたる明治十一年（一八七八）九月二十四日に、吉井邸で「南《なん》洲《しゅう》私祭《しさい》」と称される祭祀《さいし》が執りおこなわれる。「南洲」とは西郷の号《ごう》である。

当日、伊地知正治《まさはる》たち西郷ゆかりの旧薩摩藩士たちが集まり、西郷の魂を慰《なぐさ》めた。私祭の形式を取ったのは、朝敵として討たれた西郷の一周忌を公然と執りおこなうことはためらわれたからだ。

一方、**賊名《ぞくめい》を取り除き西郷の名誉を回復しようという動きは水面下で見られた。奔走していたのは、ともに〝江戸城無血開城〟の立役者となった勝海舟である。**

西郷の一周忌に先立つ十一年四月、海舟は思想家で熊本藩士の横井小楠《しょうなん》、兵学者で信濃松代藩士の佐久間象山《さくましょうざん》たち亡友《ぼうゆう》を追悼する『亡友帖《ちょう》』を編纂・刊行した。

佐久間象山（国立国会図書館蔵）

刊行のきっかけは西郷の死だったが、西郷は朝敵として討たれた身である。表立って西郷の名前を出すことは、海舟としてもためらわれた。よって、亡友の一人として遺墨《いぼく》を取り上げることで、その死を悼《いた》んだのである。

十二年（一八七九）七月三十日には、江戸城総攻撃を中止した西郷の功績を顕彰《けんしょう》する石碑を東京府葛飾《かつしか》郡木下川《きねがわ》村（現・葛飾区東四《ひがしよ》つ木《ぎ》）の浄光寺《じょうこうじ》境内に建立した（後に大田区洗足《せんぞく》池畔の海舟夫妻墓所に移転）。この碑は留魂碑《りゅうこんひ》と呼ばれ、表に西郷が詠《よ》んだ詩、裏には海舟の文章が彫《ほ》られている。

そして、西郷の名誉回復を直接、天皇に訴え出る。

二十二年（一八八九）二月十一日には、目前に迫った大日本帝国憲法発布《はっぷ》を見据えた上で、一連の士族の反乱で追討の対象となった西郷、江藤、前原たちの罪名《ざいめい》を取り除いて欲しいとする意見書を天皇宛に提出した。当時、海舟は天皇の諮問機関である枢密院《すうみついん》で顧問官を勤めていた。

**憲法発布という国家の慶事《けいじ》に際して大赦《たいしゃ》がおこなわれることを見込み、天皇に西郷の〝賊名除去〟を願ったのだ。**西郷に対する天皇の信任は非常に厚く、それゆえ朝敵とせざるを得なかったことをずっと苦にしていた。海舟の望みとは、天皇自身が密かに望んでいたことでもあった。

翌二十二年（一八八九）二月十一日、大日本帝国憲法が発布された。それに伴い大赦がおこなわれ、内乱陰謀《いんぼう》罪や不敬《ふけい》罪などを犯《おか》した者たちが一斉に赦免される。

この時、西郷の罪も許される。西南戦争直前まで正三位の官位を持っていたが、追討令の際に剝奪されたため、改めて正三位が贈られた。

明治31年に完成した上野公園・西郷隆盛像の絵葉書（写真：Mary Evans Picture Library/アフロ）

明治末頃の西郷隆盛像。『東京風景』より（国立国会図書館蔵）

西郷の賊名が取り除かれて名誉も回復されると、銅像《どうぞう》が建設される運びとなる。西郷の銅像を東京に立てる話は、鹿児島県士族の間では早くから持ち上がっていたが、賊名も取り除かれていない段階では〝夢のまた夢〟だった。

しかし、賊名が取り除かれたことで、建設許可を政府に求める運動が公然と開始される。海舟も発起人《ほっきにん》の一人である。

二十四年（一八九一）十月十四日、政府から銅像建設の許可が下りる。二十六年（一八九三）八月二十二日には、宮中から製作費として金五百円が下賜《かし》されることも決まった。銅像が完成したのは、それから五年後の三十一年（一八九八）十月のことである。

同年十二月十八日には、上野公園で除幕式《じょまくしき》が執りおこなわれる。除幕委員長は、西南戦争で参軍として西郷討伐の前線に立った川村純義が勤めた。

こうして、**現在も上野公園に立つ西郷銅像が晴れてお披露目《ひろめ》となる。**

## ❖『南洲翁遺訓』編纂と庄内藩――維新後、西郷の人格に〝感化〟される

西郷銅像の建設発起人は、計五十一人にも及んだ。伊藤博文や黒田清隆をはじめ

政界の大物たちが名を連ねたが、酒井忠篤《さかいただずみ》という名前もあった。戊辰戦争時に庄《しよう》内《ない》藩主を務めた人物である。

西郷と庄内藩の縁は、戊辰戦争時にさかのぼる。

庄内藩は奥羽越列藩同盟の一員として、会津藩とともに政府軍に激しく抵抗した。同盟諸藩のなかでは最後に降服する。明治元年九月二十七日のことである。

庄内藩では厳罰を覚悟していた。なぜなら、政府軍の中核である薩摩藩から報復を受ける可能性が高かったからだ。

前年の慶応三年（一八六七）の十一月頃より、薩摩藩の三田《みた》屋敷を根拠に同藩の息がかかった浪士たちが強盗騒ぎを起こしたことで、江戸の治安は極度に悪化する。討幕を目指す西郷たちとしては、江戸で徳川家を挑発することで戦争のきっかけを摑もうとしていた。

十二月二十四日夜、市中取締《しちゆうとりしまり》の任にあたる庄内藩・酒井家の屯所《とんしよ》に鉄砲が打ち掛けられる。浪士たちは三田屋敷に逃げ込んだ。

堪忍袋の緒を切った徳川家は庄内藩などに命じ、二十五日早朝より三田屋敷を包囲させる。同藩屯所に発砲して三田屋敷に逃げ込んだ者の身柄引き渡しを要求させたが、交渉は決裂する。双方戦闘状態に入り、三田屋敷は焼失した。

庄内藩による薩摩藩三田屋敷の焼き討ち事件を機に、徳川家は薩摩藩と交戦状態に入る。その直後、誘発される形で鳥羽・伏見の戦いが勃発した。西郷の狙いどおり、戊辰戦争へのレールが敷かれていく。

当然、薩摩藩は三田屋敷焼き討ちの恨みを晴らそうと、報復に出てくるだろう。運の悪いことに、庄内藩討伐にあたったのは、薩摩藩士で征討軍参謀を勤める黒田清隆であった。

ところが、予想に反して庄内入りした政府軍の対応は寛大で、十二月に庄内藩（約十七万石）に示された処分にしても同様だった。

藩主忠篤は東京での謹慎を命じられたが、酒井家は家名の存続を許され、忠篤の弟の忠宝《ただみち》が相続する。封土《ほうど》もいったん没収されたものの、改めて十二万石を与えられたため、五万石の減封にとどまる。

ちなみに、会津藩は家名断絶の処分が下り、二十八万石の所領は没収された。一年後に家名は復活したものの、与えられた所領は三万石に過ぎなかった。

庄内藩では政府の寛大な処置に驚くが、西郷の指示が背景にあったことを黒田から打ち明けられる。これを機に、忠篤以下の庄内藩主従は西郷を厚く慕《した》うようになった。

庄内藩の鶴ヶ丘城跡（山形県鶴岡市）

明治三年（一八七〇）八月、忠篤は家臣・犬塚盛巍《いぬづかもりたか》と永沢惟和《ながさわこれかず》を鹿児島に派遣し、当時薩摩藩で大参事を勤めていた西郷に親書《しんしょ》を贈った。ここに、西郷と庄内藩の交流がはじまる。

十一月には、**忠篤自ら家臣たちを率いて鹿児島を訪ねる。忠篤たちは西郷の日常や言葉に接することで、その人格に感化《かんか》されていく。**留守政府の首班を勤めていた時も、征韓論政変で鹿児島に戻った後も、旧庄内藩士たちは西郷のもとを訪れて親交を深めた。

それゆえ、**西南戦争時には、彼らの動向が政府から危険視されたほどである。西郷のもとに馳せ参じるのではないかと。**

西郷の死後も、忠篤たちはその遺徳《いとく》を偲《しの》

西郷隆盛（手前）と菅実秀の像（鹿児島市・西郷武屋敷跡）

んで祭祀を執りおこなっている。吉井たちが執りおこなった「南洲私祭」のようなものだろう。

二十二年の大日本帝国憲法発布に伴う大赦で西郷の賊名が取り除かれると、旧庄内藩士の菅実秀《すげさねひで》たちは、西郷の教えを天下に広く知らしめようと思い立つ。菅たちは西郷から聞かされていた言葉を赤い布に書き記し、朝夕これを読んで肝《きも》に銘じていたという。

早くも翌二十三年（一八九〇）一月十八日に、旧庄内藩士の三矢藤太郎の名前で秀英社から刊行された。**書名は『南洲翁遺訓《なんしゅうおうい くん》』**。印刷された部数は千冊余で、全国を回って頒布《はんぷ》している。西郷の未亡人・糸子《いとこ》のもとにも届けられた。

旧庄内藩士たちにより編纂された『南洲翁遺訓』は、「敬天愛人《けいてんあいじん》」に象徴される西郷の精神を伝えるものとして愛読されていく。西郷の人気を支えた。

『南洲翁遺訓』は四十一箇条と追加の二箇条を合わせ、全四十三箇条からなる。主に為政者《いせいしゃ》としての心構えが説かれたが、第一章でも取り上げたように、第四条目では腐敗した明治政府の現状への憤《いきどお》りを爆発させている。

政府首脳は立派な家屋を建て、洋服を着飾り、蓄財のことばかりを考えている。今となっては戊辰戦争も彼らが私利私欲を肥《こ》やすだけに終わった。国に対して、戦死者に対して面目《めんぼく》が立たない。

**庄内藩士たちにより伝承された〝西郷の教え〟とは、歴史教科書では描かれることのない明治政府の「不都合な真実」を浮《う》き彫《ぼ》りにする言葉でもあった。**

# 終章

# 「江戸ブーム」の到来と幕臣たち

## ——東京開市三百年祭の開催

## ❖東京市の誕生と「江戸会」の結成——江戸時代を正当に評価して欲しい

明治二十二年（一八八九）は、明治政府にとり記念の年となった。二月十一日に大日本帝国憲法（明治憲法）が発布されたのである。時の内閣総理大臣は、薩摩藩出身の黒田清隆。国を挙げて盛大な記念式典が挙行される。

同じ明治二十二年、東京では官民《かんみん》協同の一大イベントが開催された。**上野公園を会場として「東京開市《かいし》三百年祭」が挙行されたのだ。**

開催日は八月二十六日で、旧暦《きゅうれき》に直すと八月一日。この日は八朔《はっさく》と呼ばれ、かつては徳川家の記念日に指定された日である。

豊臣秀吉の小田原《おだわら》攻めにより関東の雄《ゆう》・北条氏が滅亡すると、その旧領は徳川家康に与えられた。家康は江戸城を本拠とするが、江戸城に入ったのは天正十八年（一五九〇）八月一日のこととされる。そのため、**江戸時代は八月一日（八朔）が徳川家の記念日**と定められていた。

この日、江戸在府の諸大名は白帷子《しろかたびら》姿で登城し、祝意《しゅくい》を表した。そして、将軍に武士のシンボルである太刀《たち》を献上するのが決まりだった。

往年の上野公園（写真：Mary Evans Picture Library/アフロ）

天正十八年から数えると、この年は家康の江戸城入城から〝三百年目〟に当たっていたが、明治二十二年は東京市が誕生した年でもあった。東京市は十五区から構成されたが、この十五区が「江戸御府内《ごふない》」にほぼ該当する。

つまり、**家康の江戸入りから三百年目にあたる明治二十二年に、江戸御府内が東京市という行政単位として〝再生した〟というストーリーのもと、東京開市三百年祭というイベントが企画された**のである。開催日は、家康が江戸城に入城した旧暦八月一日、太陽暦《たいようれき》にすると八月二十六日になるわけだ。

この祭典の母体となったのは「江戸会」である。同じ明治二十二年に結成された旧幕臣たちをメンバーとする会で、幹事には『郵便報知新聞』主筆の栗本鋤雲《じょううん》たちが名前を連ねた。

会の目的は、江戸の政治・経済・社会・文化全般にわたる調査活動である。機関誌である『江戸会雑誌』(後に『江戸会誌』と改題)も発行したが、会の目的はそれだけではない。

江戸時代の事象《じしょう》について記述した有用な書籍の刊行、江戸時代の文化財の収集保存、江戸時代の偉人の遺徳《いとく》を偲ぶ祭典の執行も会の目的として掲げられた。今回の三百年祭がこれにあたる。そして、完全なる江戸史の編纂を目指すとしていた。

栗本たち旧幕臣が江戸会を結成した意図とは何か?

一言でいうと、**保守的・後進的《こうしん》などと明治政府に評価された江戸幕府の〝名誉回復〟である。「江戸時代を正当に評価して欲しい」という想《おも》いが秘められていた。**

明治政府の立場で言うと、江戸幕府が保守的・後進的であるからこそ、政権交代は正当で必然なものだったと主張したいところである。よって、前政権の施政に対する評価は辛《から》いものとなるが、旧幕臣たちの立場に立てば、それは不当な評価以外の何物でもない。

こうした想いを秘めながら、江戸会は東京開市三百年祭の準備に取り掛かる。

祭典の趣旨からすれば、江戸会としては「江戸」や「家康」の名前を付けたかったが、家康が開いた江戸幕府を倒して政権を奪取し、江戸を東京と改めたのは他ならぬ明治政府である。

その首都たる東京で、家康の名前を祭典のタイトルとして持ち出すことは、政権交代から二十年ほどしか経過していない段階では、江戸会内部でも憚《はばか》る空気がみられた。反政府運動と取られかねない。

そのため、「東京開市三百年祭」というタイトルでの開催となったのである。

## ❖幕臣の大同団結による「東京開市三百年祭」――江戸っ子の熱い思い

江戸会が三百年祭の開催を呼びかけたのは、最初は新聞紙上であった。

現在の東京の繁栄をもたらしたのは、家康が江戸城を居城に定めたからである。だから、八月一日（新暦《しんれき》八月二十六日）を江戸っ子は忘れてはならない。**三百年前のこの日、家康が江戸に入らなければ〝今日の東京〟など存在しない**。この日に、お祝いの祭典を開くべきなのだ。

東京の繁栄は、明治政府が首都に定めたからではない。家康が江戸を将軍のお膝

榎本武揚（国立国会図書館蔵）

元として選んだからである。**以後二百六十年余にわたる江戸時代（幕府）があってこその東京なのだ**、という熱い思いが込められた呼びかけだった。

この呼びかけは、東京市民の間で大きな反響を呼ぶ。開催の空気が急速に盛り上がっていく。

同時期、八朔会が結成されている。江戸会は在野《ざいや》の組織だが、八朔会は黒田内閣の文部大臣・榎本武揚や東京市神田《かんだ》区長の沢簡徳《さわかんとく》など、政治家や官吏が世話役を勤めた。江戸会の動きに触発される形で結成されたが、目指すものは江戸会と同じである。

八朔会が東京市会などに三百年祭への賛同を求めたところ、挙《こぞ》って賛意を表した。江戸っ子の流れを汲《く》む東京市の市会議員たちにしても、同様の気持ちは共有していた。

そんな熱狂的な空気を受けて開かれた会合（八朔会主催）で、東京三百年祭会が結成され、榎本が委員長に推挙された。八月二十一日のことである。

榎本は東京府（市）会関係者、東京市の各区長、実業界の実力者たちに働きかけ、同会委員への就任を要請する。委員の名前には渋沢栄一のほか、三井の大番頭・益《ます》田《だ》孝《たかし》など幕臣出身の実業家が名を連ねた。

こうして、東京三百年祭会は東京府（市）挙げてのイベントに転化する。資金面でも三井・三菱・安田《やすだ》・大倉組《おおくらぐみ》などの支援を得ることができた。世が世なら将軍だった徳川宗家当主で公爵の徳川家達《いえさと》も、二百円を同会に寄付している。華族となった旧徳川御三家や旧譜代大名、そして各界の名士からの寄付金を合わせれば、開催資金は総計四千二十八円余にものぼった。

益田孝（国立国会図書館蔵）

翌二十四日には**宮内省からも三百円の下賜金を受け、東京開市三百年祭は〝政府公認〟の祭典に変身する。**

この種のイベントは、明治初期ならば〝反政府運動〟と取られかねなかったに違いない。そもそも開催できなかっただろう。

宮内省つまり天皇からの下賜金には、江

戸を懐古《かいこ》するイベントを東京で開催しても大丈夫という政府の認識が込められていたのではないか。ようやく、明治政府の基盤は固まったのである。

## ❖「東京万歳」「徳川万歳」——二十年来の鬱屈した気持ちが一気に発散

祭典当日がやって来た。

突如として持ち上がった企画ではあったが、江戸っ子の流れを汲む東京市民の関心は非常に高かった。**東京開市三百年祭という名称は建前で、家康が江戸に入って三百年目をお祝いする祭典**であることは、市民たちは「百《ひゃく》も承知」であった。

市民は会場の上野公園まで歩いて向かったが、人の波がとにかく凄かった。警官や憲兵《けんぺい》まで出動して交通整理にあたったほどの人出だった。

会場の上野公園は、将軍家霊廟《れいびょう》も置かれた寛永寺《かんえいじ》の旧境内という由緒《ゆいしょ》を持つが、幕臣にとり忘れられない戦いが繰り広げられた戦場でもある。慶応四年（一八六八）五月十五日、新政府軍と彰義隊が激戦を繰り広げた上野戦争——つまり彰義隊の戦いだ。この場所を三百年祭の会場に設定したことに、主催者つまりは**幕臣たちの〝鎮魂《ちんこん》〟の意思を見るのはたやすい。**

祭典の式場は、上野公園内に置かれた競馬《けいば》会社の馬見所《ばけんじょ》である。松を描いた壁紙《かべがみ》が描かれるなど、江戸城の御殿を模《も》した飾り付けが施されていた。

貴賓席《きひん》には、明宮《はるのみや》（後の大正天皇）、大蔵大臣・松方正義、東京府知事・高崎五六、外国公使たちが並んだ。本来の主役とも言うべき、徳川家達たち徳川家一門の姿もあった。黒田総理大臣も会場に向かったが、上野周辺が物凄《ものすご》い人出だったため、会場に入るのをあきらめている。

午後一時。祭典は花火の打ち上げではじまった。高崎府知事の祝辞と榎本委員長の答辞《とうじ》の後、江戸町火消《まちびけし》の流れを汲む消防組の梯子《はしご》乗り、中村勘三郎《かんざぶろう》家の猿若《さるわか》狂言《きょうげん》、吉原芸妓《よしわらげいぎ》の手古舞《てこまい》が披露《ひろう》された。

その後、立食パーティ（洋食）となる。三千五百人分もの食事が用意されたが、そこでは次のような光景も見られた。

徳川家達を先導した榎本と高崎が会場を巡回して祝意を述べたところ、**「東京万歳《ばんざい》」そして「徳川万歳」の声が列席者からあがったという。**二十年ほど前ならば、とても公言できない言葉だった。それだけ時間が経過していたということなのだろう。

将軍の霊廟がある寛永寺・増上寺《ぞうじょうじ》をはじめ、護国寺《ごこくじ》や伝通院《でんづういん》など徳川家ゆかりの寺社では、家康が江戸に入って三百年目にあたることを記念した法要《ほうよう》が営まれた。東京市の各区も山車《だし》を出すなど、思い思いに祝意を表した。

この日は非常に暑かった。来会者には水が振舞われている。下谷《したや》の芸妓六十人が給仕《きゅうじ》を担当したが、揃いの白地の単衣《ひとえ》には、葵《あおい》の紋所《もんどころ》が染め抜かれていたという。

この日、東京は物凄い盛り上がり方だった。幕臣や江戸っ子たちの二十年来の鬱《うっ》屈《くつ》した気持ちが一気に発散されたのである（「東京開市三百年祭記事」『東京市史稿』市街篇七八、東京都、一九八七年）。

## ❖「完全なる江戸史」の編纂を目指す——〝徳川三百年の功績〟は消えない

東京開市三百年祭を契機に、「江戸を伝えよう」「残そう」という動きが盛んになる。江戸懐古の空気が盛り上がる。**何も行動しないでいると、徳川三百年の事跡《じせき》が後世に伝わらないという〝強い危機感〟**が背景にあった。

東京開市三百年祭の火付け役となった江戸会は、完全なる江戸史の編纂を目指したが、そもそも江戸時代をどう評価していたのか？　機関誌『江戸会誌』第一号の冒頭で、以下の史観を開陳している。

前政権の主である徳川家が、世界に誇れるものが二つある。一つには封建制度を採用したこと。もう一つは、兵を動かさなかったこと、つまり国内に内乱が起きなかったことを挙げている。江戸時代は、国内が平和で安定した時代だった。

徳川家が将軍として日本を統治した時代は夢と消えたが、その功績は消そうとしても消せない。二百六十年にもわたって、日本の文明を養《やしな》い育ててきた徳川家の恵《めぐ》みは、祖先たちが実際に浴《よく》してきたところだ。それは子々孫々まで記憶すべきことであり、日本国が決して忘れてはならないことである。

徳川家の時代を美化し過ぎる論調と言えなくもないが、**「明治政府は江戸時代を不当に過小評価している」という思い**が、それだけ江戸会のメンバーには強かったわけだ。そんな思いが、朝野《ちょうや》の幕臣たちをして大同団結させ、東京開市三百年祭の開催に走らせた動機であった。

江戸会は、徳川家が政権を保持していた江戸三百年とは、日本の文明が最も進歩・発達した時代とも指摘する。ところが、明治維新により状況は一変し、従来の制度・文化・風俗《ふうぞく》・美術の多くが破壊された。

当時は文明開化の名のもとに、西洋文化が盲目的に摂取された反面、江戸の伝統文化の破壊が著しく進んだ時代だが、**江戸の制度や文物《ぶんぶつ》が破壊されたという事実を**

知る者さえ多くない。時の経過に伴い、その事実が〝風化〟したからだ。

文明の真実を知りたければ、その沿革や事情すなわち歴史的経緯を知らなければならない。よって、徳川三百年の事跡を収集し、その事跡を深く掘り下げた考察《こうさつ》結果を機関誌を通じて後世に伝えるのが江戸会の役目。これが完全なる江戸史の編纂につながると主張したのである（『江戸会誌』第一号）。

## ❖勝海舟の遺言「歴史はむつかしい」――後世に誤りが伝えられる危機感

江戸会と同じような歴史観に基づき、江戸の歴史を残そうとしたグループに、明治二十八年（一八九五）七月二十三日に結成された同方会《どうほうかい》がある。会長に選ばれたのは榎本だった。

翌二十九年（一八九六）六月より、同方会は機関誌『同方会報告』（後に『同方会誌』と改称）を発行した。同方会の会員は江戸会のメンバーとは重ならなかったようだが、『江戸会誌』と同じく、『同方会誌』にも江戸に関する貴重な記録や証言が数多く掲載されている。

会の結成には至らずとも、会誌の発行という形で江戸を残そうとした者もいる。

三十年（一八九七）に創刊された『旧幕府』は元旗本の戸川安宅《とがわやすいえ》が編集した雑誌だが、創刊にあたって以下のように自分の思いを語っている。

明治に入って、既に二十九年が経過した。少年の頃に戊辰戦争を戦った者も不惑《ふわく》の四十歳に達し、髪《かみ》も薄くなっている。まして、当時幕政の中枢にいた者で齢《よわい》七十に達していない者はいない。**その頃の話を彼らから聞いておかなければ、今から三、四年の間に、この世を皆去ってしまう。となれば、知る手段がなくなる。**だから、自分は幕府、特に幕末の史料を集める作業に従事したいと考え、木《き》村《むら》芥舟《かいしゅう》に相談することにした（『旧幕府』第一号、一八九七年）。

晩年の勝海舟（写真：近現代PL／アフロ）

木村は勝海舟とともに「咸臨《かんりん》丸《まる》」でアメリカに渡った経歴を持ち、江戸城無血開城の頃は勘定奉行を勤めた。

明治に入ると、静岡藩士に転

身せず明治政府にも出仕しなかったが、当時は海舟や榎本とともに幕臣たちの取りまとめ役を勤めていた。

木村にしても同じ思いであり、『旧幕府』編集にあたってはアドバイザーのような立場を取る。木村だけではない。海舟や榎本たちも戸川の活動を支援した。

晩年、海舟は回顧録『氷川清話《ひかわせいわ》』で次のように語る。そのタイトルは「歴史はむつかしい」であった。

およそ世の中に歴史といふものほどむつかしいことはない。元来人間の智慧《ちえ》は未来の事まで見透《みとお》すことが出来ないから、過去のことを書いた歴史といふものに鑑《かんが》みて将来をも推測せうといふのだが、しかるところこの肝腎《かんじん》の歴史が容易に信用せられないとは、実に困つた次第ではないか。見なさい、幕府が倒れてから僅《わず》かに三十年しか経たないのに、この幕末の歴史をすら完全に伝へるものが一人もないではないか。それは当時の有様を目撃した故老《ころう》もまだ生きて居るだらう。しかしながら、さういふ先生は、たいてい当時にあつてゞさへ、局面の内外表裏《ないがいひょうり》が理解なかつた連中だ。それがどうして三十年の後からその頃の事情を書き伝へることが出来ようか。況《いわ》んやこれが今から十年も二十年も経て、その故老までが死んでしまつた日には、どんな誤りを後世に伝へるかも知れない。歴史といふものは、実にむつかしいものさ（『氷川清話』講談社学術文庫、二〇〇〇年。ルビを補足）

**幕府が倒れてから未《いま》だ三十年しか経過していないにも拘らず、明治の世に幕末の歴史が正しく伝えられていないことを憂《うれ》えている。歴史が歪曲《わいきょく》されていくことへの危機感に他ならない。**

こうした危機感は、幕臣たちが等しく共有していた。明治の世を生き抜くことで得た信条であり、教訓だったのである。

# おわりに――西南戦争の勝利まで〝明治維新の危機〟は続いていた

本書では、薩摩・長州両藩により樹立された明治政府が覆《おお》い隠してきた不都合な真実を解き明かすことで、**歴史教科書では描かれない「もう一つの明治維新史」**に迫った。

明治維新直後より政府は内紛を繰り返していた。「維新最大の功労者」である西郷隆盛が、悲憤慷慨《ひふんこうがい》するほどの腐敗にまみれていた。

一方、薩長両藩は戊辰戦争の後始末に苦しみ、藩内が大きく動揺する。西郷や木戸孝允は、その鎮静化に苦心惨憺《さんたん》していた。

両藩の関係も良くなかった。幕末以来の〝因縁《いんねん》〟を引きずる形で主導権争いを繰り広げていた。それを横目に、両藩を追い落とす他藩の動きも見られた。政局は混沌とし、一寸先は闇《やみ》の政情不安定が続く。廃藩置県直前には、大久保利通が〝政府瓦解《がかい》〟を覚悟するほどの状況にまで追い込まれる。

廃藩置県後も、政府は内紛を繰り返す。征韓論政変で西郷が下野すると、武力蜂《ほう》起《き》が相次いだ。政府を支える立場の薩長両藩内からも、萩の乱そして西南戦争という形で火の手があがる。

西南戦争時の東京では、討幕運動の頭目《とうもく》から「反政府運動の頭目」に変身した西郷への期待が異常に高まる。江戸っ子改め東京市民にとってみれば、敵である明治政府の敵となった西郷は味方だ。西郷への期待の高まりとは、政府に対する東京市民の強い不満の表れに他ならない。

**西南戦争に勝利を収めることで、明治政府の基盤はようやく確固たるものとなる。しかし、その後も政府批判の動きは形を変えて続く。**明治二十二年の「東京開市三百年祭」の盛り上がりなどはその象徴だった。

光り輝く日本の近代化の裏側では、「絶体絶命」だった明治維新の〝不都合な真実〟の数々がうごめいていたのである。

本書執筆にあたっては、PHP研究所第二制作部文庫課の伊藤雄一郎氏の御世話になりました。末尾ながら、深く感謝いたします。

二〇一七年十二月　　安藤優一郎

# 関係年表

## 明治元年（一八六八）

| | |
|---|---|
| 一月三日 | 鳥羽・伏見の戦い。戊辰戦争はじまる。 |
| 二月十五日 | 東征大総督府、京都進発。 |
| 三月十四日 | 江戸城総攻撃中止。 |
| 四月十一日 | 江戸城開城。 |
| 五月十五日 | 彰義隊の戦い。 |
| 二十三日 | 江戸町奉行所明け渡し。 |
| 二十四日 | 徳川家、静岡七十万石に封ぜられる。 |
| 七月十七日 | 江戸、東京と改称。 |
| 八月十八日 | 東京府庁開庁。 |
| 九月八日 | 慶応から明治に改元。 |
| 二十二日 | 会津藩降伏。 |

## 明治二年（一八六九）

| | |
|---|---|
| 一月五日 | 参与・横井小楠が暗殺。 |
| 二十日 | 薩長土肥四藩、版籍奉還を上表。 |
| 二月二十五日 | 西郷、薩摩藩参政に就任。 |

| | |
|---|---|
| 三月二十八日 | 天皇、東京再幸。 |
| 五月十八日 | 榎本武明、降伏。戊辰戦争終わる。 |
| 六月二日 | 皇居大広間で戦功があった諸藩、藩士に賞典禄が下賜される。 |
| 十七日 | 諸藩の版籍奉還願を受領。 |
| 九月四日 | 兵部大輔・大村益次郎、襲撃に遭い重傷を負う（十一月五日死去）。 |
| **明治三年（一八七〇）** | |
| 一月二十四日 | 脱退兵士、長州藩知事・毛利元徳の居館を包囲。 |
| 二月十一日 | 脱退兵士、木戸孝允により撃退される。 |
| 七月二十七日 | 薩摩藩士・横山正太郎、集議院門前で自害。 |
| 八月十五日 | 西郷、薩摩藩大参事に就任。 |
| **明治四年（一八七一）** | |
| 六月二十五日 | 西郷、参議就任。 |
| 七月十四日 | 廃藩置県が断行される。 |
| 十一月十二日 | 岩倉使節団、横浜港を出港。 |
| **明治五年（一八七二）** | |
| 六月二十二日 | 西郷、天皇の鹿児島行幸に随行。 |

| | |
|---|---|
| 十一月十日 | 島津久光の要請を受け、西郷は再び鹿児島に向かう。 |
| 二十九日 | 御用商人・山城屋和助、陸軍省内で自害。 |

**明治六年（一八七三）**

| | |
|---|---|
| 四月五日 | 西郷、東京へ戻る。 |
| 十七日 | 久光、東京へ向かう。 |
| 五月十日 | 久光、麝香間祗候となる。 |
| 八月十七日 | 西郷の朝鮮派遣が閣議決定。 |
| 十月十五日 | 朝鮮派遣が再び閣議決定。 |
| 二十三日 | 太政大臣代理・岩倉具視、朝鮮派遣の閣議決定と延期案を上奏。 |
| 二十四日 | 天皇、派遣延期を裁可。西郷、参議・近衛都督を辞職する。江藤たち四参議も辞職。 |
| 十二月 | 久光、内閣顧問となる（翌年一月に辞任）。 |

**明治七年（一八七四）**

| | |
|---|---|
| 二月一日 | 佐賀の乱勃発。 |
| 四月二十七日 | 久光、左大臣となる（八年十月二十七日、辞職） |

**明治九年（一八七六）**

| | |
|---|---|
| 三月二十八日 | 廃刀令公布。 |

| | |
|---|---|
| 八月五日 | 金禄公債証書発行条例公布。 |
| 十月二十四日 | 神風連の乱。 |
| 二十七日 | 秋月の乱。 |
| 二十八日 | 萩の乱。 |

**明治十年(一八七七)**

| | |
|---|---|
| 二月十五日 | 西郷、鹿児島県士族を率いて鹿児島を進発。西南戦争はじまる。 |
| 十九日 | 政府、追討令発令。 |
| 三月八日 | 勅使・柳原前光、護衛兵とともに鹿児島に入る。 |
| 四月二十七日 | 政府軍、鹿児島に再上陸して占領。 |
| 九月一日 | 西郷、鹿児島に突入し、私学校や県庁を占領。 |
| 二十四日 | 西郷自決、西南戦争が終わる。 |

# 参考文献

海原徹『松下村塾の明治維新』ミネルヴァ書房、一九九九年
勝田政治『廃藩置県』講談社選書メチエ、二〇〇〇年
佐々木克『江戸が東京になった日』講談社選書メチエ、二〇〇一年
一坂太郎『長州奇兵隊』中公新書、二〇〇二年
松尾正人『木戸孝允』吉川弘文館、二〇〇七年
小川原正道『西南戦争』中公新書、二〇〇七年
家近良樹『西郷隆盛と幕末維新の政局』ミネルヴァ書房、二〇一一年
松浦玲『勝海舟と西郷隆盛』岩波新書、二〇一一年
安藤優一郎『「幕末維新」の不都合な真実』ＰＨＰ文庫、二〇一六年

著者紹介
**安藤優一郎**（あんどう　ゆういちろう）
1965年、千葉県生まれ。歴史家。文学博士（早稲田大学）。早稲田大学教育学部社会科地理歴史専修卒業、早稲田大学文学研究科博士後期課程満期退学。
江戸をテーマとする執筆・講演活動を展開。ＪＲ東日本大人の休日・ジパング倶楽部「趣味の会」、東京理科大学生涯学習センターなど生涯学習講座の講師を務める。
主な著書に『島津久光の明治維新』（イースト・プレス）、『西郷どんの真実』（日経ビジネス人文庫）、『相続の日本史』（日経プレミアシリーズ）、『西郷隆盛と勝海舟』『西郷隆盛の明治』（以上、洋泉社歴史新書）、『大奥の女たちの明治維新』（朝日新書）、『「街道」で読み解く日本史の謎』『「幕末維新」の不都合な真実』『「関ヶ原合戦」の不都合な真実』『30ポイントで読み解く 吉田松陰『留魂録』』（以上、PHP文庫）など。

本書は、書き下ろし作品です。

ＰＨＰ文庫　「絶体絶命」の明治維新

2018年1月18日　第1版第1刷

著者　安藤優一郎
発行者　後藤淳一
発行所　株式会社ＰＨＰ研究所
東京本部　〒135-8137 江東区豊洲5-6-52
第二制作部文庫課　☎03-3520-9617(編集)
普及部　☎03-3520-9630(販売)
京都本部　〒601-8411 京都市南区西九条北ノ内町11
PHP INTERFACE　https://www.php.co.jp/
組版　有限会社エヴリ・シンク
印刷所　共同印刷株式会社
製本所　東京美術紙工協業組合

 ISBN978-4-569-76800-7

PHP文庫好評既刊

# 元号《げんごう》でたどる日本史

グループSKIT編著

大化から平成までの、250すべての元号について、その言葉の意味、典拠、どういう理由で元号が変わったのかなどを解説します！

定価　本体八〇〇円（税別）

PHP文庫好評既刊

# 『名将言行録』乱世の人生訓

兵頭二十八 著

生きるも死ぬも、自分の力量次第——。戦国乱世を彩った名将たち192人の〝生きざま〟から、現代にも通じる「人生の極意」を学ぶ！

定価 本体七六〇円（税別）

PHP文庫好評既刊

# 「幕末大名」失敗の研究

政治力の差が明暗を分けた

瀧澤 中 著

誰よりも現実主義だった彼らは、なぜ新時代から姿を消したのか？ 強大な幕末大名の〝政治力〟が失われる過程から、失敗の本質を学ぶ！

定価 本体七四〇円（税別）

PHP文庫好評既刊

# 西郷隆盛と大久保利通

破壊と創造の両雄

立石 優 著

友情を育んだ少年期、倒幕に邁進した壮年期、そして袂を分かった西南戦争……。二人の間に何がおきたのか。その心情に迫った歴史長編。

定価 本体七八〇円（税別）